Doctrina Cristiana Básica

Aprende de manera sencilla
lo que todo cristiano debe saber

José Reina

ÍNDICE

INTRODUCCIÓN

Encaramos en este libro el desafío de explicar la doctrina cristiana de una manera ágil y sencilla. De manera que el lector que anhela conocer más de la persona de Jesucristo pueda hacerlo sin complicaciones.

Claro que lo anterior puede llevar a creer que este libro no sea profundo por ser sencillo. Nada más lejos de la verdad; tanto como un niño puede entender las maravillas de Dios si busca la verdad en su simpleza, eso no quita su profundidad.

Cuando de la palabra de Dios se trata, aún los hombres más doctos, no pueden comprender su enseñanza en la profundidad que ella implica. Oramos que el Espíritu Santo descienda sobre cada lector de manera que, como el más sabio Maestro, ilumine su entendimiento con hambre de conocer la verdad sublime de la enseñanza de Jesucristo. No solo para aprender doctrina, lo cual es muy necesario, sino también, recibir revelación espiritual. No es lo mismo la escuela del hombre que la escuela de Dios. En esta última el profesor verdadero no puede ser el hombre, el que en este caso es solo el instrumento. Aquí el verdadero maestro es el Espíritu Santo. Y para estar conectado a Su presencia no se puede estudiar sin doblar también las rodillas. Esto nos ayuda a morir a nosotros mismos. Así quedamos aptos solo para recibir Sus maravillosas revelaciones a través de Sus palabras.

Este libro lleva como título: *Doctrina Cristiana Básica de Manera Fácil*. Y la razón de ello es porque tiene que ver con nociones claras y <u>conocimientos básicos de la doctrina cristiana</u>. Así que paso a paso iremos definiendo y explicando los puntos principales que en un sentido práctico componen la fe que confesamos. La mejor manera de comenzar es analizando de una manera sencilla, pero rápida, la doctrina de las Sagradas Escrituras.

I

EL LUGAR DE LA BIBLIA
EN LA FE CRISTIANA

La fuente primordial de la religión cristiana es la Biblia. No hay otro libro que llegue a ocupar tan elevado lugar como base de la cristiandad. Para el cristiano su fe y doctrina, como también su práctica debe basarse esencialmente en la palabra revelada en las Sagradas Escrituras.

A. La Biblia y los nombres que se le asignan.

Generalmente los nombres con los que se designa a una cosa revela de alguna manera lo que esa cosa u objeto es, o contiene. La Biblia no es una excepción. Y aunque hay varios nombres que se le aplican, solo nos detendremos en los más importantes.

"Biblia". Escogiendo su significado literal, esta palabra quiere decir "los libros". Este es el nombre más conocido pero también el más antiguo, y por cierto nos aclara que la Biblia es una colección de varios libros. Sesenta y seis libros han sido compilados ordenadamente en un solo tomo. Esta designación fue adoptada hace muchos siglos por los padres de la iglesia cristiana.

"Las Sagradas Escrituras". Esta palabra es usada por San Pablo cuando escribe a su joven discípulo Timoteo para recordarle la importancia de su enseñanza diciéndole: *"...y que desde la niñez has sabido las Sagradas Escrituras."* (2 Timoteo 3:15).

La descripción de este nombre recalca el carácter divino de la Biblia como palabra de Dios. Deja así establecido que no es un libro secular cualquiera sino sagrado.

También podemos asegurar que no es un libro con interés científico en lo primordial (aunque la ciencia actual ha demostrado ser verdad sus relatos y hechos que se narran, para sorpresa de los mismos sabios) sino que su propósito es eminentemente espiritual con el fin de llenar la necesidad humana de Dios que anida en cada corazón humano. (Vea el Salmo 42).

"La Palabra de Dios". Puede afirmarse con un conocimiento general de las Escrituras, de que el origen mismo de la Biblia queda establecido con esta frase que la designa como "Palabra de Dios". Descartando, como algunos afirman, que sea sólo el producto de la mente humana. Es, según lo afirmado por sus escritores, la infalible Palabra de Dios. Y no sólo a algunas de las partes de su amplio contenido se les acredita este origen, sino a todo su contenido desde Génesis hasta Apocalipsis. (2 Timoteo 3:16).

B. ¿Quién escribió la Biblia?

Esta es una pregunta muy frecuente que inquieta especialmente a los recién iniciados en el discipulado cristiano. Pero también crea dudas, especialmente en medio de la sociedad general aunque se denomine "cristiana," debido a la falta de información. Tampoco debemos ignorar que dicho conocimiento no es muy bienvenido en la religión tradicional, pues de ser así la verdad de la Biblia crearía muchos conflictos de intereses de todo tipo, como sucedió en el siglo XVI debido a su exposición por el reformador Martín Lutero. Desde todo punto de vista la importancia de saber quién escribió un libro tan importante como este que ha marcado el rumbo de la humanidad toda, y como ha llegado a nuestras manos, es fundamental para todo aquel estudiante que con sinceridad y humildad solo pretende alcanzar un mejor conocimiento de su amado Salvador.

Dios se revela a los hombres, por cierto, de multiformes maneras. Pero básicamente de dos maneras precisas. Una es la denominada en teología, revelación general y la otra la revelación especial. Hagamos entonces una breve descripción de ambas:

1. Acercándonos a la revelación general.

a) Se la denomina así porque está dirigida en general para toda la humanidad. De manera que cada hombre tiene acceso a ella a través de sus cinco sentidos. Esto está profundamente relacionado con la infinita misericordia de Dios que no quiere que nadie se pierda. Dios siempre está dispuesto a manifestarse a los que le buscan.

b) Desde esta perspectiva esta revelación nos muestra a Dios en la creación y en la historia humana. En la primera podemos ver con claridad la mano de Dios y en la segunda, descubrimos que inevitablemente la mano de Dios gobierna en la historia.

Contemplando con atención a través de la creación y de la historia, descubrimos toda la grandeza de Su gloria y Su poder. Si miramos las imponentes montañas, los profundos mares, y el sol y la luna no podemos menos que quedar extasiados ante la belleza y perfección de la creación. Nos damos cuenta que Dios es grande y supremo en inteligencia y poder. Es así que observamos con profunda reverencia el desarrollo de la historia humana y vemos cuan glorioso es Dios como creador.

¿Es suficiente esta revelación? Aunque es impresionante no llega a ser total. Ya que la revelación general no nos dice de manera concreta nada acerca del gran amor de Dios manifestado en la persona de Jesucristo. Por lo tanto, tampoco puede mostrarnos el camino de Jesucristo como redentor para la humanidad. Su fin en todo caso no deja de ser importante, pues despierta, en los sentidos del hombre, la realidad de un Ser supremo e inteligente detrás de semejante orden y belleza.

2- Acercándonos a la revelación especial.

Se la describe de esta manera porque está al alcance de algunos solamente y limitada a lo que se nos muestra a través de la lectura de la Biblia. Vale destacar aquí que para la iglesia cristiana las Sagradas Escrituras y ellas solamente, son la revelación especial de Dios. La Biblia es la revelación directa de Dios. En sus páginas Dios se revela a Sí mismo y Su carácter. Nos revela claramente cómo es Él y demanda de nosotros, Sus hijos creados a Su imagen y semejanza. Dios mismo nos dio la Biblia.

Sin embargo, Dios mismo con su propia mano no escribió la Biblia sino que se valió de hombres escogidos y a quiénes se describe en sus páginas como profetas, reyes, apóstoles y evangelistas. Todos ellos recibieron un llamado y una orden divina de manera especial para poner por escrito la historia desde el principio hasta el clímax de la salvación concretada en la persona de Cristo. De manera que aunque fueron hombres falibles los que escribieron la Biblia, ella es la infalible Palabra de Dios.

Ellos fueron inspirados y guiados por el Espíritu Santo para poner por escrito lo que Dios les indicaba, esto lo podemos leer en 2 Pedro 1:21 cuando el apóstol afirma: *"... Los santos hombres de Dios hablaron siendo inspirados por el Espíritu Santo"*.

C. Cómo entender el por qué de las divisiones y el orden en la composición de la Biblia.

Debemos notar que las Sagradas Escrituras aunque están compuesta por varios libros y la vez es un compendio de un solo libro, en ninguna manera están desordenados ni ubicados a la ligera sino con un propósito definido. Puede afirmarse que hay divisiones pero también unidad.

1- Antiguo y Nuevo Testamento.

Sin duda que podemos afirmar que esta es la división más importante de la Biblia. Y sin embargo aquí también se nota la unidad porque el Antiguo Testamento es la historia y profecías acerca del Mesías Salvador, es decir la historia de la iglesia antes de Cristo, mientras que el Nuevo Testamento es la historia de la iglesia durante y después de Cristo.

2- Una biblioteca de 66 libros.

Este es uno de los rasgos distintivos de la Biblia que contiene 66 libros distintos. Cada uno de ellos lleva de una manera singular la marca de la personalidad del escritor. También es notable la unidad que hay entre estos libros teniendo un tema común que los une ya que de una u otra forma nos hablan de la salvación en Cristo Jesús. La persona y la obra de Cristo es el tema principal de la Biblia. Su persona, Su figura y Sus promesas recorren las páginas de la Biblia desde Génesis hasta Apocalipsis.

Preguntas a responder para el estudio personal:

1. ¿Cuál es la base fundamental de nuestra religión cristiana?
2. ¿Cuál es el nombre de este libro?
3. Explique con sus palabras el significado del término 'Biblia'.
4. ¿Por qué se llama a la Biblia las Sagradas Escrituras?
5. ¿Qué significa para usted la frase "Palabra de Dios"?
6. ¿Quién interpreta usted es el autor de la Biblia?
7. ¿Dónde encontramos la revelación general?

II

LA PERSPECTIVA BÍBLICA DE LA CREACIÓN

A. El significado de la palabra 'crear'.

La Biblia relata en Génesis que Dios *"creó"* el cielo y la tierra. Esta palabra en las Escrituras por lo general se refiere a "hacer una cosa de la nada". De manera que Dios sin tener nada concreto a su alcance creó el universo y nuestro mundo.

Por otra parte también es cierto que en el texto bíblico se encuentra la palabra 'crear' con el significado de "hacer algo de otros materiales ya existentes". Concluyendo, entonces, que hay dos significados de la palabra:

1. Creación primaria.

Nos referimos al acto de crear de la nada sin la existencia de materiales concretos. Esto es lo que sucedió con la creación de los cielos y la tierra. Allí notamos que Dios no usó ningún elemento ya existente sino que con el poder de Su palabra ordenó que las cosas fuesen. Y estas tomaron forma material como podemos corroborar en Génesis capítulo uno. También puede consultar Salmo 33:6, 9.

2. Creación secundaria.

Aquí nos referimos a cuando Dios crea diferentes cosas pero tomando material ya existente. Un ejemplo claro de esto lo encontramos en el relato de la creación del hombre. Vemos a Dios tomando del polvo de la tierra (material ya existente) para dar forma física al cuerpo del hombre según la forma que él quería darle. Y esto no niega Su poder como creador, pues sólo Él como soberano puede hacerlo. Además, en Su infinita sabiduría, jamás podríamos nosotros terminar de comprender, ni aun científicamente, la profundidad de Su conocimiento.

B. El orden de la creación y sus días.

En el relato de la creación se describe la actividad creativa de Dios como ejecutada en seis días. Así que si observamos detenidamente este proceso tan especial y progresivo, atendiendo a sus detalles tan vivos, podemos comprobar un orden realmente maravilloso en su desarrollo. Analicemos brevemente este cuadro maravilloso de la mano de Dios:

Día uno.

En el relato de Génesis el autor expresa de una manera muy vívida cuál era la situación. Nos dice que *"la tierra estaba desordenada y vacía, y las tinieblas estaban sobre la faz del abismo"* (Génesis 1:2). Es en este entorno que comienza a gestarse el relato mismo de la creación y sus días. Allí mismo Dios habla Su palabra creadora y ordena que fuese la luz, y la luz se hizo.

Día dos.

Continuando entonces la descripción el relato nos dice que una espesa niebla cubría todo el mundo creado. Entonces Dios ordena la separación ubicando las nubes arriba y las aguas en la superficie. Vemos en todo esto cómo se va desarrollando un ordenamiento de los distintos elementos de la creación.

Día tres.

De una manera poderosa las aguas son separadas por la palabra de Dios. De esa manera se forman así los mares, lagos y ríos, además de la tierra seca. Aquí también Dios crea la diversidad de plantas.

Día cuatro.

Naturalmente el sol era muy necesario, existiendo plantas y vegetación. En el cuarto día Dios crea el sol, la luna y las estrellas en el firmamento.

Día quinto.

Es este un día muy especial pues aquí vemos por primera vez el deseo de Dios de poblar con seres vivos Su creación en todo el hábitat que contenía el planeta. Así creó y dio vida a los peces para los mares y las aves que surcaran los aires. La descripción del relato va tomando todas estas formas hermosas, en nuestra imaginación, que llenan la atmósfera de la creación con cada nueva criatura o ser vivo que sale de la boca de Dios.

Sexto día.

Se puede decir que en este día, la creación, en relación al diseño en la mente del Creador, estaba casi completa. Vemos cómo aquí, el Todopoderoso crea y da existencia a los animales que habitarían en la tierra. Y lo más importante, también en este día, Dios crea lo que sería la corona de Su creación, es decir, el hombre.

Día séptimo.

Es notable cómo el relato en este punto, concluyendo la obra del día sexto, nos lleva a imaginarnos la satisfacción de Dios por todo lo que había hecho, afirmando: *"Y vio Dios todo lo que había hecho, y he aquí que era bueno en gran manera"* (Génesis 1:31). Así queriendo expresar que todo lo creado sería útil perfectamente para Sus propósitos. Es con esta satisfacción que el día séptimo descansó de todo lo que había hecho. Enseñándonos que también nosotros debemos seguir este modelo, es decir, descansar un día de cada semana de siete días.

C. ¿Para qué creó Dios al mundo? Su propósito.

Por cierto que esta es una pregunta vital. Pues de su repuesta se define el propósito que le dará verdadero sentido a cada vida humana. A través de la historia, filósofos y pensadores han reflexionado sobre ello. Lo maravilloso de la Biblia es que ella tiene la respuesta y no es para nada complicada. Dios mismo responde para bienestar del hombre a esta pregunta en Isaías 43:7 cuando afirma:

"...para gloria mía los he creado, los formé y los hice". Está entonces claramente indicado el propósito principal: para la gloria de Dios. Podemos ilustrarlo con una metáfora muy común. Así como en nuestra sociedad un arquitecto recibe reconocimiento (gloria) por una obra monumental diseñada por su mano, así Dios recibe gloria constante del maravilloso mundo que Él ha hecho.

Cuestionario para tarea personal:

1- Explique claramente el significado de la palabra 'crear'.
2- ¿Cómo hizo Dios el cielo y la tierra?
3- Según Génesis 1:31 describa la apreciación que Dios hace de Su propia obra.
4- Explique con qué propósito creó Dios al mundo.

III

LA CREACIÓN DEL HOMBRE

A. Acerca de su origen

La Biblia deja establecido la creación del hombre como un hecho puntual y concreto por parte de Dios el supremo creador. Claro que esta verdad no deja muy complacidos a los que se adhieren a la teoría de la evolución. Y que explican el origen humano como un simple animal de cuatro patas. Tal teoría no tiene sentido con un ser inteligente y creado a imagen y semejanza de Dios. Básicamente porque el ser humano está constituido por tres áreas básicas, o elementos entrelazados que son el cuerpo, el alma y el espíritu.

El área física.

Que es lo que llamamos el cuerpo y que fue creado del polvo de la tierra. Este es el material con el que Dios formó a Adán. De allí la afirmación de las Escrituras que dice: *"Del polvo fuiste tomado, y al polvo volverás"*.

El área almática.

Es esa parte de la personalidad que la Biblia llama el corazón donde se desarrolla el carácter, es decir, su voluntad y la capacidad emocional como también cognoscitiva.

El área espiritual.

Esta es la diferencial que hace al hombre único y original en comparación a cualquier otro ser viviente. La Biblia afirma en su relato que Dios sopló en el hombre *"aliento de vida"* para afirmar seguidamente, *"y fue el hombre un alma viviente"*. Expresado de otra manera, el espíritu del hombre nace del mismo Espíritu de Dios. Ese soplo del Omnipotente hace del ser humano un ser viviente completamente distinto del resto de las demás especies vivientes. Sólo en el hombre Dios puso Su sello divino soplando sobre él Su aliento de vida de manera que imprimió en él una imagen a semejanza suya.

B. Imagen y semejanza de Dios como sello distintivo en el hombre.

En el relato bíblico vemos a Dios afirmar en Su ámbito trinitario lo siguiente: *"Hagamos al hombre a nuestra imagen, conforme a nuestra semejanza"*. (Génesis 1:26). Por eso hablamos del sello distintivo que hace al hombre original y único en todos los sentidos y al resto de la creación. Él lleva impresa en la trama de su ser la misma imagen de Dios. Es normal que nos preguntemos ¿qué significa y qué es esta imagen?

El sentido de la frase "la imagen de Dios".

En un sentido estricto y atendiendo a toda la enseñanza bíblica acerca del carácter y atributos de Dios, podemos afirmar que el hombre, por llevar en sí la imagen de Dios, gozaba de un verdadero conocimiento, manifestaba una conducta en justicia a la par que disfrutaba de verdadera santidad. El sello de la perfección divina se manifestaba en todas las áreas de su personalidad. En su conocimiento intelectual, su sentido de justicia y en su conducta. Afirmamos esto pues en el contexto bíblico acerca de la revelación del carácter de Dios como persona, y si hablamos de este concepto: *"a su imagen"*, ello implica conocimiento, justicia y santidad. Esto había recibido el hombre como creación de Dios. Para referirnos a un ejemplo sencillo alguien dijo: "a nosotros nos es dado en pequeño lo que Dios es en grande". Así, podemos decir, Dios es amor. Nosotros "tenemos" amor. Dios es Creador. Nosotros "tenemos" capacidad creativa, limitada claro a nuestro alcance humano, etc.

"La imagen de Dios" y su esencia eterna.

Básicamente debe quedar establecida esta gran verdad. Que el hombre es un ser moral, espiritual e inmortal. Definitivamente espiritual. Porque Dios es Espíritu y Él sopló Su espíritu de vida sobre el hombre.

¿Qué queremos decir? Que por ser creado a imagen de Dios el hombre tiene un alma, esto lo capacita para saber lo que es bueno y lo que es malo. En el sentido bíblico su alma nunca muere. Muerte en el sentido escritural no es aniquilación. Es "separación" eterna de la presencia de Dios. De allí que Jesús, ante la perspectiva de la muerte y el temor que ella suscita, le dice a sus discípulos: *"...pero yo he venido para que tengan vida y vida en abundancia."* (Juan 10:10).

C. El hombre y sus características singulares.

1. En relación con los ángeles.

Los ángeles también son creación de Dios. En su naturaleza ellos son espíritus sin alma ni forma corporal como los hombres. El hombre como ser humano no sólo tiene forma física sino que además tiene alma y espíritu. De allí que los ángeles fueron diseñados para el servicio en el cielo y el hombre para servir y representar a Dios en la tierra.1.

2. En relación con los animales.

Es cierto que generalmente los estudiosos clasifican al hombre dentro del reino animal. Esto no quiere decir ni significar que es un animal. El hombre es un ser completamente distinto. En primer lugar, porque tiene alma, una mente y una voluntad autónoma que le permite decidir por sí mismo e inteligentemente hacer lo que desea. Y en segundo lugar, porque el hombre es el único ser vivo entre todas las especies que puede presumir de ser esencialmente un ser espiritual. Un rasgo único y particular que le da la capacidad espiritual propia de su origen divino.

3. En relación con el gobierno de la tierra.

¿Qué hace del hombre alguien tan especial? El hecho maravilloso de que fue creado directamente por la mano de Dios y a través de Su espíritu. Por otra parte ningún otro ser vivo, entre las diferentes especies de la tierra, puede otorgarse el alto privilegio de haber sido creado a *"la imagen de Dios"*. Este honor sólo le pertenece a él. Luego concluyamos aquí que esto debía ser así pues Dios le había preparado como Su alto representante en este maravilloso y completo mundo diseñado para darle gloria. El hombre, como un virrey, recibió el encargo divino de llenar la tierra y dominarla en un gobierno que agradara a Dios. (Génesis 1:28).

Cuestionario para su tarea personal:

1. ¿De cuántas partes está constituido el hombre?

2. Explique con sus palabras qué significa para usted el hecho de que el hombre fue *"creado a imagen de Dios"*.
3. ¿En qué se diferencia el hombre de los ángeles?
4. ¿Con qué propósito fue creado el hombre?

<h1 style="text-align:center">IV</h1>

<h2 style="text-align:center">LA CREACIÓN DE LOS ÁNGELES</h2>

La Biblia comienza con la realidad de Dios. *"En el principio creó Dios..."* (Génesis 1:1). Él, como el Eterno, ya estaba allí. Entonces a partir de su realidad comienza la historia de la creación de los cielos y la tierra. Seguidamente continuará relatando la historia del primer hombre y de su descendencia, es decir la historia de los hombres, porque el hombre es la corona de la creación. Dios lo creó con el claro propósito de representarle plenamente haciendo su voluntad en medio de tan maravillosa creación. Es interesante notar que en todas las religiones del mundo se representa la existencia de seres espirituales. Ello confirma de manera inequívoca que Dios creó también a los ángeles. El único documento legítimo que puede aportarnos una información correcta es la Biblia, en ella encontraremos innumerables menciones a su actividad a través de los siglos y a partir del relato del Génesis, libro cuya autoría se le atribuye al patriarca Moisés.

A. ¿Qué son los ángeles?

1. Su origen y características.

Los ángeles son creados por Dios. No solo cuando leemos en Génesis 1:1, que Dios creó los cielos y la tierra, sino también por una amplia y variada referencia a los ángeles en la Biblia podemos concluir indudablemente que se refiere también a su creación. Antes de esa referencia bíblica no existía nada ni nadie más que Dios. Así que la conclusión es que fueron creados por Dios.

Los ángeles son seres espirituales.

Es decir, son espíritus. La misma Biblia nos enseña que no tienen cuerpo. Y que aunque en ocasiones en misiones especiales Dios permitía su visita en forma de hombre, éstas eran visitaciones especiales de parte de Dios en la que el ángel se adaptaba a esa forma humana solo para una misión específica. Esa forma no era la original. En las páginas de las Escrituras siempre veremos una gran actividad angelical. Esto es natural si se tiene en cuenta que hablamos de un Dios que es Espíritu y, para darse a conocer al hombre, se mueve de una manera sobrenatural.

2. Los ángeles y sus moradas celestiales.

Cómo veníamos desarrollando, los ángeles sólo se encontraban en la tierra de maneras ocasionales y a causa o en cumplimiento de alguna misión. Debido a su carácter de espíritus, su ministerio principal está en el mismo cielo de Dios. Es decir, en la eternidad está su morada donde primeramente ministran a Dios y desde allí a donde en su soberanía Él los envíe de acuerdo a sus funciones, que de acuerdo a la Biblia en algunos casos son específicas. Esto debido a que Dios ha establecido rangos de autoridad y diferentes funciones entre ellos.

3. Las características morales, intelectuales e inmortales de los ángeles.

La Biblia nos describe a estos seres tan especiales como que tienen conocimiento, aunque nunca igual al de Dios (Mateo 24:36). Otro de sus aspectos es que son seres morales por cuanto las Escrituras los denomina refiriéndose a ellos como *"santos"* (Mateo 25:31). Lo que quiere decir entonces que los ángeles pueden ser buenos o malos. Por último, si leemos en Lucas 20.36 cuando el Señor Jesucristo enseña acerca de los salvados en el cielo se dice que no mueren más *"porque son iguales a los ángeles"*, es decir, que son inmortales.

B. El ministerio de los ángeles.

1. Según las Escrituras son siervos de Dios.

Podemos apreciar de una manera general que Dios creó a los ángeles para efectuar las tareas relativas al cielo. Ellos se encargan del cuidado del cielo de la misma manera que a los hombres les fue encargado el cuidado y la administración de la tierra. Podemos apreciar muchas de ellas en las páginas de la revelación divina. Especialmente como mensajeros. Además vemos una constante actividad en el cielo donde los ángeles en todos sus rangos participan en dar alabanza y adoración a Dios sin detenerse nunca.

2. Otro de sus ministerios es servir a los hombres.

Esto lo podemos apreciar de una manera clara en el Salmo 34:7 donde vemos que los ángeles están activamente al servicio del hombre. Sin embargo, debemos aclarar que, según la Biblia, sólo los que temen a Dios y pertenecen a Su pueblo pueden disfrutar de estos privilegiados servicios angelicales. Ellos reciben la ayuda y la segura protección de los ángeles en momentos de pruebas o situaciones críticas.

C. Los nombres de los ángeles.

Nos detenemos ahora en la palabra 'ángel' que en el idioma original quiere decir "mensajero". De manera que la misma palabra describe, si se quiere, en parte la función que cumplen los ángeles.

1. Grupos de ángeles.

Podemos apreciar en el relato bíblico textos específicos acerca de grupos de ángeles que tienen sus tareas específicas y donde se describe su forma física.

Los querubines.
Su ministerio específico es la de demostrar la grandeza de Dios. Declarando su poder, majestad y autoridad de Dios en adoración en el cielo.

Los serafines.
Ellos son los servidores inmediatos de Dios y se encuentran en orden, siempre rodeando el trono de Dios. Para informarnos más acerca de ellos podemos leer el relato de Isaías capítulo 6.

2. Ángeles notables.

También se puede observar que algunos nombres propios de ángeles son revelados en la Biblia. Como por ejemplo Gabriel y Miguel debido a su protagonismo. El primero parece ser el portador de mensajes especiales de parte de Dios, como podemos ver en Lucas 1:19. Por otra parte el arcángel Miguel parece ser el jefe de los ejércitos de Jehová, esta descripción del guerrero celestial la podemos también ver en Apocalipsis 12:7.

Tarea para crecimiento personal:
    1- ¿Cuál es el origen de los ángeles?

2- Explique a su entender lo que queremos decir cuando afirmamos que los ángeles son seres morales.

3- ¿Cuál es el significado de la palabra 'ángel'?

4- ¿Qué tarea específica tienen los querubines?

5- ¿Qué pasaje de la Biblia nos muestra una descripción de los serafines?

6- ¿Con qué función se nos revela en la Biblia al ángel Miguel?

V

LA EXISTENCIA
DE LOS ÁNGELES MALOS

En el capítulo anterior nos hemos referido de manera general a los ángeles, su creación, sus rangos, y también sus trabajos y misiones especiales.

Sin embargo debemos notar también las referencias acerca de ciertos seres espirituales que de acuerdo al propósito de Dios y atendiendo a su naturaleza y designios han dejado de ser ángeles, según lo que hemos estudiado. Básicamente porque vamos a ver que son expulsado del contexto del reino de Dios.

Debido a este hecho puntual es que nos corresponde analizar en este capítulo a estos ángeles que han perdido su estado original.

A. En relación a su origen

La Biblia deja claramente establecido que al comienzo todos los ángeles eran buenos y habían también sido creados por la misma palabra de Dios. Y es acerca del mismo Creador, expresando su satisfacción, que las Escrituras expresa: *"vio Dios todo lo que había hecho, y he aquí que era bueno en gran manera".*

El apóstol Pedro recibe una revelación muy importante relacionada con ellos. Podemos leer que algunos de estos ángeles, creados por Dios santos y justos, cayeron en desobediencia y pecaron. De manera que Pedro afirma que *"si Dios no perdonó a los ángeles que habían pecado…"* (2 Pedro 2:4).

Debemos tener en cuenta que hablamos de un mundo espiritual más perfecto que el nuestro. Algunos comentaristas dicen no estar seguros de cuál fue el pecado que cometieron. Pero en realidad, eso está muy claro, pues se trata del pecado de rebelión que comienza con Lucifer y contamina a un gran número de ellos (Ezequiel 28.14-17).

Así que es obvio que el germen de esta rebeldía nacía del orgullo y el deseo de ser iguales, o superiores a Dios mismo. Esto también lo comenta Judas en el verso 6 de su epístola con una frase muy reveladora donde podemos leer: *"… los ángeles que no guardaron su dignidad, más dejaron su habitación…".* La descripción parece indicar claramente que estos ángeles, en desacuerdo con la posición que ocupaban, se rebelaron en contra de Dios.

Este relato nos ayuda también a comprender mejor el hecho de que el diablo tentó a Eva de la misma forma. Tocó la fibra de su orgullo para tentarla a ser igual a Dios. Así, hasta que Cristo venga, vivimos en un mundo que a causa de la caída insiste en parecerse a Dios. De un ángulo de la tierra hasta el otro, el hombre se adora a si mismo sólo para descubrir que lo han engañado. Y que el resultado es la muerte espiritual.

B. ¿Quién fue el precursor de esa rebelión?

Acerca de esta rebelión la Biblia se refiere en muchos pasajes de manera plural. Dejando establecido que fue un gran número los que pecaron y perdieron sus puestos celestiales. Sin embargo, la Biblia también deja establecido que dicha rebelión nació de uno de ellos, que tenía un rango superior en el cielo, y también una función importante. Los demás simplemente tomaron la iniciativa de seguir al que ahora sería su jefe.

1. Satanás es el líder de los ángeles caídos.

Posición, si se quiere, natural luego que fueran expulsados del cielo. Su nombre significa "adversario". En primer lugar, adversario de Dios, por ello lo primero que hizo fue atacar la obra de Dios en el paraíso que con tanto amor el Creador había hecho. En segundo lugar adversario del hombre por ser la *"corona"* de la creación de Dios y quien le ha quitado al diablo todo lo que él anhelaba.

2. Algunos de sus nombres y su significado.

- **Satanás.** Literalmente significa 'el adversario'. (De Dios).

- **Acusador**. Esta es su tarea constante al día de hoy (Apocalipsis 12:10).

- **Diablo.** Entre otros significa, mentiroso, malo, tentador, calumniador.

- **Príncipe de este mundo.** Esto significa que él es el autor y la raíz de todo mal que hay en el mundo y él tiene dominio y autoridad sobre ese mal.

C. Satanás y su relación con la actividad diabólica en contra del cristiano y la iglesia.

1. Debido a que son seres celestiales, tienen ciertos poderes espirituales según Dios los ha dotado. Pero en el caso de los ángeles malos, ellos lo usan para incitar la maldad. Sin embargo no debemos olvidar que esto está bajo el control soberano de Dios. Las tinieblas no pueden obrar sin el permiso de Dios. Un ejemplo de ello podemos verlo en la biografía de Job. El diablo no podía tocarlo sin el permiso de Dios. (Job 1:9).

2. Hay una actividad muy específica de parte de los demonios para acusar a los cristianos y confundirlos como hijos de Dios. De allí la importancia que el cristiano tenga formación acerca del poder de la oración y la guerra espiritual (Efesios 6:11,12).

3. Ellos trabajan constantemente para obstaculizar los planes de Dios, para que el hombre conozca el mensaje salvador de Jesucristo y la salvación de sus almas.

   a. En cuanto al Señor Jesucristo el diablo lo tentó en el desierto para que abandonara su propósito de ser el Salvador de la humanidad.

   b. El apóstol Pedro nos advierte que anda siempre buscando a quien devorar y apartar del buen camino (1 Pedro 5:8,9).

4. Siendo esta una sociedad cuyo estilo de vida en sus valores morales y espirituales está bajo el poder de las tinieblas, los demonios trabajan activamente para desviar a los cristianos de su Salvador. Procuran que no tengan comunión con Dios. Ni tiempo para ello. Para lograrlo presionan con tentaciones mundanas, malos pensamientos y pareciendo que premiara sus malas acciones estableciendo dudas en el corazón del creyente.

5. Por ello insistimos que aunque tienen poderes sobrenaturales, estos están limitados. Primeramente porque son seres creados y luego porque están limitados en su actividad por el poder de Dios. Así que cabe destacar que ellos no pueden hacer más ni

menos que lo que Dios les permite. Esto debe ser un aliciente para buscar a Dios cada día aunque sea en un breve devocional. Podemos comenzar con cinco minutos para leer la Biblia y luego cinco o diez minutos para orar. Esto hará toda la diferencia. Especialmente si recordamos que Dios es perfecto en amor y nos cuida y protege como un Padre amoroso.

Tarea para crecimiento personal

1. ¿Cuál es el origen de los ángeles malos?
2. Demuestre con una cita bíblica que estos ángeles pecaron.
3. ¿Quién comenzó la rebelión en el cielo?
4. Mencione algunos nombres que se le dan en la Biblia y su significado.
5. ¿Qué quería lograr Satanás al tentar a Jesús en el desierto?
6. ¿Qué clase de poderes tienen los ángeles malos?

VI

DIOS Y SU PROVIDENCIA
RELACIONADA CON SU CREACIÓN

Es importante para el estudioso de la Biblia ver cómo sus páginas demuestran claramente que Dios, luego de haber terminado la creación del mundo ha continuado manteniéndolo, cuidando y gobernándolo con Su sabiduría y poder. A esta obra activa de Dios se la denomina 'providencia'. La palabra en si misma significa 'ver antes', es decir, antes de realizar algo. Por ello la providencia de Dios está relacionada a los planes que Él ha diseñado para el futuro y como consecuencia el cumplimiento de los mismos. Es importante notar que la actividad de la providencia comprende tres aspectos básicos que son: preservación, gobierno y cooperación. Aspectos que será muy importante desarrollarlos brevemente. Sin embargo, antes tendremos que analizar dos errores muy comunes relacionados también a la providencia.

A. La providencia de Dios y los conceptos equivocados.

1. La interpretación deísta.

El concepto básico de esta enseñanza es que cuando Dios creó el mundo, grabó en cada una de sus criaturas leyes en su estructura para su funcionamiento abandonándolos luego para que funcionaran de acuerdo a ese patrón. Ellos creen entonces que Dios se encargó de hacer el mundo, lo activo para que funcionara y lo abandonó a su propio funcionamiento.

2. La interpretación panteísta.

El punto de vista panteísta es muy particular. No distingue entre Dios como Creador y el mundo como la obra de Sus manos. Para el panteísta Dios es el mundo y el mundo es Dios. Todo es Dios. Así ellos entienden que no hay creación ni providencia sino que el mundo se va creando y gobernando sucesivamente a través de los siglos por sí mismo.

B. La creación y su preservación.

Este es sin lugar a dudas el aspecto más importante que tiene que ver con la providencia. A través de él llegamos a entender cómo Dios trabaja constantemente para preservar el mundo que el mismo ha creado. De manera que todo lo que Él hizo en la creación lo sigue manteniendo en existencia.

1. ¿Qué significa esto?

Es muy importante, pues nos ayuda a comprender que nada ni nadie en este mundo en el cual hemos nacido y vivimos hasta partir como una habitación de paso, existe por sí solo, o por su propia cuenta, sino que todas las cosas dependen exclusivamente de la soberanía de Dios -en este caso como Creador. Todo lo que nos rodea y lo cual conocemos a través de nuestros cinco sentidos como órganos receptores de información, todo – aún nosotros mismos – hemos sido creados a través de Su misma palabra. El relato bíblico nos muestra cómo Dios pensaba lo que quería hacer y luego lo llevaba a cabo por la palabra que salía de su boca. Es por esto – la palabra de Dios que vive continuamente – que las cosas creadas desde el principio siguen existiendo siempre.

2. La importancia del fundamento bíblico.

Ya hemos mencionado la importancia de la palabra que salía de la boca de Dios. Claro que lo que es una irrefutable prueba para el creyente no lo es obviamente para el escéptico, que insiste en encontrar pruebas científicas, aunque ellas sean facilitadas por la criatura, tratando de explicar la naturaleza de su creador.

Contamos con abundantes referencias bíblicas. Antes la brevedad de este estudio el lector puede buscar en una concordancia bíblica y así profundizar - a la vez - que encontrar más citas relacionadas con este tema.

En Hechos 17:24 el escritor bíblico describe a Dios y la relación con la creación de la siguiente manera: *"El Dios que hizo el mundo y todas las cosas que en él hay…"*. Así nos deja ver que este mundo en el que habitamos es la obra de nuestro padre Dios. Y luego en el verso 28 el apóstol, el protagonista principal del relato y hablando del presente manifiesta: *"Porque en el vivimos y nos movemos y somos"*. De manera que Dios ha creado al mundo y todo lo que contiene pero también se encarga de que subsista a través de la palabra de su poder (Hebreos 1:3).

Tarea para crecimiento personal:

1. Escriba el significado del término 'providencia'.
2. ¿Cuántos aspectos encontramos en la providencia?
3. Explique el concepto deísta.
4. Explique el concepto panteísta.
5. Explique con sus palabras el concepto de 'preservación'.

VII

DIOS Y SU PROVIDENCIA
RELACIONADA CON SU GOBIERNO

Hasta aquí hemos venido analizando el relato que nos ofrece las Escrituras relacionado con la providencia. Hemos explicado de qué se trata la preservación. El primero de los tres aspectos que la comprenden. Ahora nos toca estudiar brevemente la relación del gobierno y la cooperación de Dios en el activo universo que Él mismo ha creado.

A. Acerca de su gobierno.

Podemos conceptualizar este aspecto de la providencia como la actividad del pensamiento de Dios y Su palabra guiando las cosas hacia Su divino propósito, designado ya desde antes de la creación del mundo. Y con mayor razón, si luego de leer la Biblia desde una perspectiva panorámica, entendemos que este mismo propósito es el que tuvo Dios al crear al mundo y al hombre. ¿Cuál es entonces? Que toda la creación exalte la gloria de Su Nombre. ¿A qué nos referimos?

1. ¿Qué significa?

Básicamente tiene que ver con la verdad de que Dios gobierna el universo de una manera inteligente y según Su autoridad divina. De manera que todas las cosas ocurren no por simples accidentes casuales o debido a la suerte. Dios ya ha determinado cada acontecimiento en Su diseño para la historia del hombre y la humanidad.

2. La extensión de su gobierno.

Así, en primer lugar, nos hemos referido entonces al gobierno de Dios, y en segundo término hemos de considerar la extensión de este gobierno. Es lo más natural que luego de lo comentado nos hagamos la siguiente pregunta: ¿Hasta dónde llega el alcance de este poder soberano de Dios? Y también, ¿En qué cosas gobierna y en cuales no? Por cierto, cuestiones muy válidas y que es necesario responder. Cualquier aspecto de la teología cristiana es importante por muy simple que parezca; ¡cuánto más si nos parece difícil!

De todas maneras siempre en la Biblia encontraremos, si somos diligentes en su estudio, la respuesta que ella misma nos motiva a hacernos. Esa es la parte maravillosa que nos indica que la Biblia es Palabra de Dios.

Así, en cuanto a estas dos últimas preguntas en general, diremos que el gobierno de Dios alcanza a todas las cosas creadas.

Es decir, que su gobierno es universal. Por ello, hacer una lista sería algo imposible de terminar. Sin embargo mencionaremos algunas importantes sobre las que Dios gobierna:

- El planeta considerado como el mundo material. Puede leer: Salmo 104:13-15.

- Toda la creación animal. Ver Mateo 6:26.

- El gobierno de las naciones de la tierra. Lea Job 12:23.

- El éxito o el fracaso de una vida en Salmo 75:67.

- Aún desde las cosas más insignificantes, pues no parecen serlo para Él. Mateo 10:30.

- El aspecto soberano de contestar oraciones. Mateo 7:7.

3. Consuelo.

Otro aspecto de su soberanía que no debemos pasar por alto y que corresponde en tercer lugar es, Su consuelo. En realidad al conocer que Dios gobierna todas las cosas no debemos permitir en nuestras vidas el temor y la duda. Tales demonios son como las termitas, animalitos muy diminutos pero que debido a su persistencia pueden hacer polvo aún la madera más fuerte y delicada.

La seguridad de que Dios gobierna debe hacer reinar en nosotros la confianza y la seguridad. La Roca eterna es Cristo y sobre Él estamos firmes y confiados. Un claro ejemplo de esto es la vida de San Pablo que aunque tuvo muchas dificultades y pruebas podía decir con alegría:

"Sabemos que a los que aman a Dios, todas las cosas les ayudan a bien" (Romanos 8:28). De manera que el cristiano es alguien que, mientras camina de paso por este mundo, lo hace con la convicción que cualquier cosa que le suceda es por el claro designio de Dios.

B. Acerca de la cooperación divina.

En este caso es necesario recordar que algunos piensan equivocadamente que porque Dios gobierna en Su soberanía ellos no tienen que preocuparse de hacer parte alguna. Esta idea por cierto está muy equivocada, ya que en la providencia de Dios, resalta este otro aspecto llamado precisamente la cooperación. Y a esto lo podemos definir como la cooperación divina en actividad con todas las cosas y de acuerdo con Sus leyes y principios pre-establecidos por Dios mismo. Él no puede contradecirse, y por lo tanto en el gobierno del universo utiliza todos los medios que ha creado y sus respectivas leyes.

Podemos ver dos ejemplos muy sencillos. En primer lugar sabemos que Dios hizo el sol para alumbrar la tierra entre otras cosas. Una vez que lo creó, y desde el principio, todo su ciclo se acomoda a las leyes con las que fue creado. Podríamos decir entonces que Dios gobierna Su actividad en cooperación con el mismo sol.

Otro caso, que observemos a un hombre enfermo. Dios en Su misericordia lo quiere sanar de su mal. Básicamente porque en el gobierno de Su mundo Él quiere el bienestar de Su criatura. Es así que para ello y cumplir con este propósito, Él utilizará los médicos, los medicamentos y el descanso. Dios gobierna entonces en cooperación interrelacionada a través de la actividad del enfermo, el médico y las personas de este contexto donde suceden los hechos. Lo cual incluye también de ser necesario la oración y la obra milagrosa de Dios. Esto nos ayuda a entender también que el mundo físico está ligado al espiritual desde su origen.

Tarea para crecimiento personal:

1. ¿Qué entiende por el gobierno de Dios?
2. Explique brevemente cual es el propósito de Dios en la providencia.
3. ¿Sobre qué cosas gobierna Dios?
4. Busque en su Biblia un texto que enseñe que Dios gobierna aún sobre los detalles muy pequeños de la vida.
5. ¿Cómo puede, según la cooperación divina, sanarse un enfermo?

VIII
LA CAÍDA DEL HOMBRE
EN EL EDÉN

Debemos entender que la más triste realidad de nuestro mundo es la existencia del pecado. Ello es la raíz de la cual nacen todos los problemas que afectan al ser humano - conflictos, infelicidad, enfermedades, tristezas y dolores. Muchos ignoran esta realidad porque no quieren reconocerla. Así en el sistema social se multiplican todo tipo de transgresiones. Estudiar su realidad nos ayudará también a conocer nuestra situación personal.

A. Lo que afirma las Escrituras acerca del origen del pecado.

Según hemos venido aprendiendo en estas páginas Dios creó al hombre a Su imagen, es decir, santo, sabio y justo.

En esa posición privilegiada fue puesto en el jardín del Edén, donde disfrutaba de todo lo perfecto que Dios había creado para su felicidad, primordialmente la presencia de Dios. Según el orden del Creador, sólo había una posibilidad de hacer el mal. Dios había puesto en el medio del jardín el árbol del conocimiento del bien y del mal.

El hombre tenía de todo lo que deseara a su disposición. Pero con respecto al fruto de este árbol Dios les indicó lo siguiente: *"No comeréis de él, porque el día que de él comiereis, de cierto moriréis"* (Génesis 2:16,17). Este era el mandamiento que pondría a prueba el carácter del hombre.

Cuando se trata de los pensamientos de Dios no es fácil entender algunas cosas. Porque aquí surge el interrogante de que ¿por qué Dios creo al hombre si sabía que fallaría? Sin embargo esta duda surge también de una mente finita que no puede comprender los verdaderos motivos por los que Dios lo hizo así. Podemos estar tranquilos de que Dios en su sabiduría siempre hace lo mejor para nosotros. Y también que un día en la eternidad comprenderemos lo que ahora no vemos ni entendemos (1 Corintios 13:12).

Una vez aclarado este interrogante podemos ver que el mandamiento citado puso a prueba esa capacidad del hombre de decidir como una persona libre y que es lo que lo hace sobresalir en la creación como criatura creada a imagen y semejanza de Dios. Básicamente la prueba consistía en que si resistía la tentación hubiera ganado la vida eterna, o mejor dicho, continuaría en ella en un estado de perfección según fue creado. Pero si caía, como finalmente sucedió, sólo encontraría la muerte.

Al observar esta situación el diablo no perdió mucho tiempo en hacer lo posible para destruir la obra de Dios. El relato bíblico nos dice que llegó al jardín en forma de serpiente. Veamos la estrategia que presenta en este proceso de la tentación que fue un éxito para el diablo.

Lo primero a tener en cuenta en su estrategia es que siembra la duda diciendo: *"¿Con que Dios ha dicho: No comáis de todo árbol del huerto?"* En el paso siguiente el diablo siembra la incredulidad a través de la mentira diciendo que no era cierto que morirían como Dios había dicho.

Y finalmente siembra el orgullo en el corazón de Eva diciendo que serían *"como dioses"* si comían del fruto prohibido.

B. Consecuencias del pecado por la desobediencia.

Nos referimos al efecto que la desobediencia produjo. Y objetivamente, al primer pecado de Adán y Eva, por las consecuencias trágicas y serias que esto trajo aparejado para el futuro de toda la humanidad. Enumeremos algunas de estas:

A causa de su pecado el hombre perdió la imagen de Dios en el sentido estricto. Lo que quiere decir que el hombre ya no poseía el conocimiento verdadero acerca de la justicia y la santidad con que había sido creado.

Otra consecuencia es que la vergüenza y el temor de Dios se apoderaron de los primeros hombres como se manifiesta al esconderse y vestirse con hojas porque sólo luego del pecado descubrieron que estaban desnudos.

La palabra de juicio que Dios había dado acerca de la muerte espiritual se cumplió y llego al hombre como un castigo esperado. Así a partir de ese momento el pecado se interpuso ente Dios y el hombre. Ya no había comunión entre el Creador y Su criatura. La Biblia afirma que estar separado de Dios es estar muerto espiritualmente.

El proceso de la muerte física, aunque no obró instantáneamente, sin embargo, comenzó a hacer su obra en el hombre. Desde aquél momento las enfermedades, la fatiga y el decaimiento condujeron a la muerte. Como también a un 'sin sentido' acerca de la existencia como podemos apreciar en los primeros capítulos de Génesis.

El paso siguiente fue la expulsión del jardín del Edén. Comenzó para el hombre una lucha diaria por el pan cotidiano. Ya no tenía a su disposición el jardín con toda su abundante provisión. Y lo peor, tampoco la bendición y la protección de Dios en todo lo que hacía.

Veamos ahora cómo fue el castigo para los participantes en el primer pecado.

La serpiente caminaría sobre su vientre para siempre.

El dolor sería una experiencia que conocería la mujer al dar a luz con dolores y tristeza.

En el caso del hombre, ganaría su sustento diario con el sudor de su frente.

Y por último, la culpa afectaría a toda la humanidad ya que Adán era el representante de toda la raza.

C. El carácter del pecado del hombre.

Es este un tema muy cuestionado especialmente en este tiempo en que el modernismo ateo sugiere el ateísmo como modo de vida. Como consecuencia muchas teorías se han presentado procurando desacreditar la Palabra de Dios a este respecto.

Algunos dicen que el pecado es simplemente ignorancia, falta de educación, o una enfermedad mental. También sugieren algunos de estos supuestos "pensadores" que es algo que aún permanece en el hombre de las edades primitivas pero que gradualmente se va eliminando en el proceso evolutivo. Su teoría es tan ridícula como querer tapar el sol con un dedo.

Especialmente, porque aparte de la realidad de los hechos en que la maldad tiene sumida a la humanidad en la infelicidad y gran parte de ella en la miseria, todo se resume en las palabras de Pablo para comprender el estado actual de la humanidad y el mundo: *"El Dios de este siglo cegó el entendimiento de los incrédulos para que no les resplandezca la luz de Cristo"* (2 Corintios 4:4). Por ello, debemos tomar a la Biblia como la autoridad final en lo que concierne a la realidad del pecado. Básicamente podemos recalcar dos verdades que leemos en ella:

El pecado siempre tiene relación con Dios. Esto quiere decir, que si no hubiera Dios, no existiría tampoco el pecado. Dios es Santo. En esencia pues, el pecado es transgresión de la ley de Dios (1 Juan 3:4).

En realidad el pecado se extiende no solamente a los hechos sino también a los pensamientos. Un pensamiento contrario a la ley de Dios es ya un pecado. Por ello la ley dice: *"no codiciaras"*. El pecado nace siempre en el corazón del hombre aunque la tentación puede venir de un agente externo.

Tarea para crecimiento personal:

1. ¿Cuál es el mandamiento que puso a prueba a Adán y Eva?
2. ¿Puede señalar los pasos que siguió el diablo en la tentación?
3. Escriba brevemente lo que perdió el hombre como resultado del pecado.
4. ¿A qué nos referimos con la muerte espiritual?
5. ¿Qué dos cosas afirma la Biblia acerca del carácter del pecado?

IX

EL NACIMIENTO DEL MESÍAS PROMETIDO

Hasta aquí hemos visto y reflexionado sobre la miseria que resultó como consecuencia del pecado y que afectó al mundo entero. Si observamos detenidamente vemos con dolor que los estragos causados por el pecado eran, y son incalculables pues muchos son permanentes, y se heredan de generación en generación. Por ejemplo la lucha racial entre diferentes tribus y etnias de la tierra - por referir un solo aspecto de tantos. Todo esto porque el hombre está ahora espiritualmente muerto (Romanos 3:23). Así nace cada creatura humana en este mundo, ya que como dijimos antes, por ser Adán el representante del hombre, todos heredan esta condición de muerte y separación de Dios.

De manera que la imagen de Dios en el hombre ha sufrido una destrucción parcial. Debido a ello el resultado del pecado es que todo hombre está perdido, pues nace separado de Dios. Aun así todo ha sido contemplado en Su amor infinito. Enseguida Dios determina enviar un Salvador al mundo para buscar y rescatar lo que se había perdido. Jesucristo es este maravilloso Salvador.

A. El papel de las profecías en las Escrituras.

Claro está que la venida del Salvador no podía ser inmediata. Luego de la caída debía sucederse un proceso en el plan divino que tenía como fin preparar a Su pueblo para la venida del Mesías Salvador. Dios preparó al mundo a través de los profetas haciendo que cada profecía en el devenir de los tiempos hiciera más clara Su llegada. Luego de mucha espera, y en el cumplimiento perfecto del tiempo que Dios había designado, aconteció su cumplimiento (Gálatas 4:4).

Este acontecimiento tan excepcional significó un nuevo amanecer de esperanza para un mundo donde las tinieblas gobernaban a su antojo y donde el hombre no tenía esperanza alguna de ser salvo, ni de sus pecados ni de la consecuencia eterna de la condenación de su alma. Tan importante es para la raza humana el nacimiento de Jesús que nos vendrá bien detenernos en algunas de las profecías que le precedieron:

1. *"Y pondré enemistad entre ti y la mujer, y entre tu simiente y la simiente suya; ésta te herirá en la cabeza, y tú le herirás en el calcañar"* (Génesis 3:15)

En esta primera referencia, podemos ver que se deja traslucir desde ese mismo momento la promesa de un salvador que representaría la simiente (o descendientes) de Adán y Eva, contra la simiente del diablo. Algunos comentaristas suelen llamarle la "promesa madre" pues es la primera referencia al mesías prometido. También es cierto que al principio esta profecía no parecía lo suficientemente clara, pero con el transcurso del tiempo los estudiosos han estado de acuerdo que es una clara referencia al Mesías y Salvador.

2. *"En tu simiente serán benditas todas las naciones de la tierra, por cuanto obedeciste a mi voz"* (Génesis 22:18).

¿Por qué es importante esta profecía? Por el hecho que nos revela que el salvador sería un descendiente de la familia del patriarca Abraham con quien Dios hizo un pacto de fe.

3. *"No será quitado el cetro de Judá, ni el legislador de entre sus pies, hasta que venga Siloh; y a él se congregarán los pueblos"* (Génesis 49:10).

Continuando la secuencia genealógica, en este texto se nos revela que el salvador prometido vendría de la tribu de Judá. Él es el cetro y el legislador.

4. *"Y será afirmada tu casa y tu reino para siempre delante de tu rostro, y tu trono será estable eternamente"* (2 Samuel 7:16).

Al leer detenidamente esta promesa al rey David, descubrimos que el salvador es un descendiente de su familia. Y esto está muy claramente especificado. Especialmente si observamos con atención la frase: *"tu trono será estable eternamente"*, pues no cabe duda que se refieren al trono de Cristo el único que reina sobre un reino eterno.

5- Otra profecía muy importante se encuentra en Isaías capítulo 53. El profeta recibe un cuadro realmente sobrenatural de la obra redentora que el Mesías llevaría a cabo. Es el relato más claro con detalles sorprendentes, como si el profeta estuviera viendo con sus propios ojos el sufrimiento y la agonía del Salvador del mundo.

6. *"Pero tú, Belén Efrata, pequeña para estar entre las familias de Judá, de ti me saldrá el que será Señor en Israel; y sus salidas son desde el principio, desde los días de la eternidad"* (Miqueas 5:2).

Aquí vemos con asombro, que hasta el hogar donde había de nacer Jesús es predicho en el Antiguo Testamento. Desde el

Génesis Dios fue revelando por Sus profetas progresivamente el advenimiento del gran día de Su nacimiento.

Así el perfecto plan de Dios llegó a su cumplimiento como lo expresa el apóstol Pablo: *"Pero cuando vino el cumplimiento del tiempo, Dios envió a su Hijo, nacido de mujer y nacido bajo la ley..."* (Gálatas 4:4).

Por ello, es que un evangelista como Mateo que escribe a los judíos, repetirá constantemente en su evangelio... *"...para que se cumpla la escritura"* o *"como está escrito"*. Porque en su corazón tenía claro el propósito - demostrar con hechos que el nacimiento de Jesús cumplió todas y cada una de las profecías -¡y esto sin error ninguno!

¿Quién puede lograr esto sino sólo el Espíritu Santo que inspiro a los profetas y hombres de Dios? Esto es algo que ninguno de los detractores de la Biblia pueden negar. Cada palabra se ha cumplido. Dios es fiel.

B. El significado y el poder de los nombres de Jesús.

En nuestra sociedad contemporánea rara vez se le da importancia al significado del nombre asignado; mas bien, se usa por alguna moda del momento. Así que significa poco o nada. Su utilidad es, mas bien, atinente a distinguir o diferenciar al poseedor.

En la Biblia sin embargo esto no era así. Generalmente un nombre tenía mucho valor pues describe de alguna manera al que lo lleva. También estaba relacionado con su futuro, y profundamente ligado a lo que se esperaba que esa persona llegara a ser en la vida.

El Señor Jesucristo recibe muchos en las Escrituras. Sólo nos detendremos en los más importantes brevemente sin ahondar demasiado pero dejando el concepto claro.

1- Jesús. Este nombre significa "salvador". Es el nombre que el ángel que le anunció a María su nacimiento le anunció que debía llevar. Básicamente este nombre nos deja un mensaje claro. Jesús ama al pecador y ha venido a salvarlo. Su nombre trae esperanza al corazón perdido.

2- Cristo. El significado de este nombre es especial pues significa "ungido". Esta unción divina (Lucas 4:18,19), estaba sobre el Señor ya que Dios le había designado para ejercer una función triple, es decir, como profeta, sacerdote y rey. Este nombre es poderoso en el mundo espiritual pues quiere decir que el mismo Dios lo apartó, llamó y ungió como sucedió al levantarse de las aguas en el rio Jordán. Dios proclamó allí también Su total beneplácito con Su Hijo. En el Antiguo Testamento él que era escogido para una función ministerial era ungido con aceite. A esto se refiere este nombre: el ungido por Dios.

3- Señor. El significado es amplio y profundo, pues implica que nuestro Señor es para nosotros "dueño, amo, soberano y protector". Este aspecto no puede ser descuidado pues no hay salvación sin señorío. Por ejemplo, esto es lo que significa la palabra Señor en Filipenses 2:11.

4- Emanuel. Aquí se nos revela el misterio de la encarnación divina de Jesús, pues literalmente significa: *"Dios con nosotros"*. Y sin duda que es un verdadero misterio. Es difícil comprender cómo el Dios Todopoderoso y santo decide descender al nivel de su criatura humana a su mundo, identificarse con él para mostrarle Su amor y salvación.

5- Mesías. *"Le dijo la mujer: Sé que ha de venir el Mesías, llamado el Cristo; cuando él venga nos declarará todas las* *cosas"* (Juan 4:25). Este nombre significa lo mismo que Cristo como ya se ha explicado. Pero hace énfasis en el aspecto del Cristo que fue "prometido" en relación con las profecías mesiánicas.

6- Hijo de Dios. Es utilizado siempre por los escritores sagrados para enfatizar la naturaleza divina de Cristo, estableciendo así que era realmente Dios.

7- Hijo del hombre. Paralelamente indica que al mismo tiempo Jesús era también hombre, y partícipe de la naturaleza humana. Estos dos últimos nombres tienen que ver con el misterio de la encarnación divina. Jesús era 100% hombre y 100% Dios - un hecho concreto pero imposible de entender por la razón humana. La fe trae revelación. Así lo expresa Pablo:

"Indiscutiblemente grande es el misterio de la piedad: Dios fue manifestado en carne, Justificado en el Espíritu, Visto de los ángeles, Predicado a los gentiles, Creído en el mundo, Recibido arriba en gloria" (1 Timoteo 3:16).

C. Acerca de la naturaleza de Jesús.

Acercándonos más a este tema podemos partir de los últimos dos nombres que acabamos de ver en cuanto a su naturaleza. La pregunta surge por cierto de una manera espontánea. Jesucristo, ¿era hombre o Dios? La Biblia nos enseña que era Dios y hombre. Es decir, que tenía las dos naturalezas. Veamos brevemente:

1. Su naturaleza divina.

Ante la cantidad de evidencias acumuladas en la Biblia y respaldadas por la historia no puede haber ninguna duda de la divinidad de Jesús, a menos que se prefiera pensar lo contrario.

Algunos dicen que fue sólo un gran maestro y hombre ejemplar. Tomemos nota de lo siguiente:

a. Se le llama con el nombre "Hijo de Dios" por los escritores sagrados.

b. Se le menciona junto con el Padre y el Espíritu Santo. *"Por tanto, id, y haced discípulos a todas las naciones, bautizándolos en el nombre del* **Padre**, *y del* **Hijo**, *y del* **Espíritu Santo**..." Mat 28:19.

c. Quedó demostrado que podía hacer milagros extraordinarios. *"Y respondiendo Jesús, les dijo: Id, haced saber a Juan lo que habéis visto y oído: los ciegos ven, los cojos andan, los leprosos son limpiados, los sordos oyen, los muertos son resucitados, y a los pobres es anunciado el evangelio"* (Lucas 7:22).

Era un hombre sin pecado. *"... uno (Jesús) que fue tentado en todo según nuestra semejanza, pero sin pecado"* (Hebreos 4:15b). Lo cual contrasta de una manera muy clara con la realidad bíblica de que no existe hombre que no haya pecado (Romanos 3:23). Estamos entonces ante un modelo de hombre extraordinario. El único calificado delante de Dios para ser el redentor de la humanidad.

2. Su naturaleza humana.

Hay una clara evidencia en las Escrituras de que siendo Jesucristo Dios, a su vez era también perfectamente hombre – y debía serlo para poder salvarnos a nosotros. Podemos examinar algunas pruebas bíblicas acerca de esto.

a. Es llamado el "Hijo del Hombre" en los evangelios.

b. Nació normalmente como cualquier otro niño en un establo donde fue acostado en el pesebre. *"Vinieron, pues, apresuradamente, y hallaron a María y a José, y al niño acostado en el pesebre"* (Lucas 2:16).

c. Físicamente tuvo hambre. *"Jesús, lleno del Espíritu Santo, volvió del Jordán, y fue llevado por el Espíritu al desierto por cuarenta días, y era tentado por el diablo. Y no comió nada en aquellos días, pasados los cuales, tuvo hambre"* (Lucas 4:1, 2).

d. Y también sufrió dolor, además de físico, emocional y espiritual. *"Y estando en agonía, oraba más intensamente; y era su sudor como grandes gotas de sangre que caían hasta la tierra"* (Lucas 22:44).

3. El misterio de las dos naturalezas en Cristo.

Es este un debate muy intenso para la teología y mucho se ha escrito sobre el tema. Si se tiene en cuenta que nunca hemos visto una persona con dos naturalezas este debate se vuelve bastante estéril. ¿Cómo unir en un ser humano ambas naturalezas? Lo cierto es que Cristo une en Su Persona las dos - humana y divina. Nadie lo puede entender y menos aún explicar. Para el cristiano no es un tema a debatir ni que afecte a su creencia.

La Biblia es la Palabra de Dios. Por lo tanto tiene autoridad suficiente para dejarnos tranquilos. El carácter de Dios es santo. Y por lo tanto Su palabra es toda verdad. Cuando llegamos a este punto es San Pablo quien nos hace volvernos sobre nosotros mismos y recordar ¡qué grande es el misterio de la piedad! Precisamente por eso sería de vanidosos tratar de explicar los métodos de Dios. Leamos nuevamente 1 Timoteo 3:16:

"E indiscutiblemente grande es el misterio de la piedad: Dios fue manifestado en carne, Justificado en el Espíritu, Visto de los ángeles, Predicado a los gentiles, Creído en el mundo, Recibido arriba en gloria."

La fe no está llamada a entender o explicar los hechos de Dios científicamente. En todo caso está llamada a creer en el carácter santo de Dios porque toda Su palabra es verdad. Y porque esta verdad se ha hecho carne en una sola Persona: Jesucristo - el único que puede llevarnos a Dios. (Juan 14:6).

Tarea para crecimiento personal:
1. Escriba brevemente el significado de los nombres "Cristo", "Señor" y "Emanuel".
2. ¿Qué dos naturalezas había en la persona de Cristo?

X

LA VIDA TERRENAL DE JESUS

Hemos llegado al punto culminante, al hecho concreto del nacimiento de Jesús. Así que estudiaremos todo lo relacionado con el maravilloso Salvador que Dios Padre decidió enviar a este mundo para rescatar a la humanidad perdida. Nada menos que a Su propio Hijo escogió Dios como nuestro Salvador -una de las tres personas de la Trinidad.

En ese sentido cada ser humano debe sentirse privilegiado de existir, pues esta decisión nos demuestra el alto valor que nos ha dado Dios. La llegada al mundo de Jesús como Salvador es un suceso extraordinario que es imposible comprender o apreciar en su profundidad. La magnitud de este hecho escapa a la más brillante mente humana que al lado de un solo pensamiento de Dios queda descalificada.

Para facilitar este estudio y que continúe siendo 'sencillo' como hemos dicho, iremos analizando la vida del Salvador y su obra en dos etapas principales en este capítulo.

La primera, la denominamos "la humillación de la divinidad". Esto incluye todos los sucesos que constituyen una humillación para el Hijo de Dios.

Comenzando por su nacimiento, el cual para el Salvador, era ya una humillación pues esto significaba abandonar el cielo de gloria y revestirse de la naturaleza humana con toda su fragilidad.

La segunda etapa tiene que ver con su sufrimiento, su muerte, su sepultura, y su descenso al infierno mismo. Todo esto pertenece en cuanto a su vida a esta etapa de humillación. Generalmente suele hablarse más del nacimiento y de los sufrimientos del Salvador que de lo sucedido entre estos dos acontecimientos - allí se encuentra su ministerio propiamente dicho. Por ello, aunque sea brevemente, hemos de considerar algo de este periodo intermedio también.

A. Acerca de la niñez de Jesús.

1. La huida a Egipto.

Nos referimos aquí a un incidente muy llamativo, y motivado por la visión divina que un ángel le comunica a José. No podía ser de otra manera pues enseguida sucedió una matanza de todos los niños de Belén. La furia despertada por Herodes, al verse engañado por los tres sabios ante su deseo de acabar con el anunciado Mesías, no tuvo límites. Así fue el niño Jesús librado de su crueldad. Para más detalles puede leer Mateo 2:13-23.

2. El bautismo de Jesús en el rio Jordán.

¿Qué sucedía cuando una persona era llamada por Dios para desempeñar un oficio o tarea en el tiempo del Antiguo Testamento? Era ungido con aceite por el sacerdote o profeta, indicando de esta manera que recibía el poder necesario y capacitador para cumplir con esa misión. Sencillamente porque ese aceite derramado sobre su cabeza era un símbolo del Espíritu Santo que reposaba sobre su cabeza.

En el caso del Señor Jesucristo este fue un momento semejante, pero mucho más glorioso. Pues sería el mismo Padre quien ungiera con el Espíritu Santo a Su propio Hijo - un momento sobrenatural en la tierra. Había llegado el momento de comenzar Su ministerio redentor. Esto significaba una confrontación constante con el enemigo de las almas. Necesitaba poderes especiales.

Nos relata el evangelio que fue donde estaba Juan el Bautista y pidió ante su asombro ser bautizado. En ese momento el universo se detuvo. En el mismo instante que Cristo recibía ese glorioso bautismo, se abrieron las puertas del cielo y desde allí, ante la mirada atónita de los ejércitos angelicales y el temor reverente de los reunidos alrededor de Jesús, descendió el Espíritu Santo en forma de paloma y se posó en el aire sobre Jesús. El mundo de las tinieblas se estremeció. Una nueva era acababa de nacer - la era del ungido de Dios.

Aquí podemos observar la maravillosa interacción de la Santa Trinidad obrando sus planes divinos. El Padre que habla desde el cielo, el Espíritu Santo que desciende y el Hijo que lo recibe. Una vez recibido el bautismo en agua y en el Espíritu, Jesús está listo para comenzar su obra de redención.

B. Sobre la vida de Jesús.

Ante una personalidad como la de Jesús uno queda estupefacto ante la grandeza de Su carácter santo. No alcanzan las palabras para describir semejante Persona. Su amor lo envuelve todo, más allá del ángulo que le observemos- como un prisma multicolor se vuelve más hermoso mientras más le miramos.

Las actividades de Jesús durante su vida entre la gente de Su tiempo fueron muy variadas. Él se encontraba siempre en un continuo movimiento de un lugar a otro tratando de alcanzar a todos con Su mensaje. En su trabajo diario caminaba de un lugar a otro y donde llegaba, predicaba el evangelio del reino, sanaba enfermos de toda clase, enseñaba por medio de parábolas, reprendía en ocasiones a los incrédulos, y ofrecía el perdón de sus pecados a los humildes.

Por otra parte en muchas ocasiones Jesús se apartaba de las multitudes para la oración y escuchar al Padre. Necesitaba estar cerca de Su corazón. La vida de Jesús siempre será el mejor modelo a seguir para nosotros: hacer de la comunión con el Padre la prioridad de nuestra vida y como consecuencia vivir para servir a otros.

Por ello es que en todas sus palabras y obras Jesús era guiado por la voluntad del Padre. Sin temor alguno confrontaba a Sus enemigos con la verdad afirmando que había venido con una misión encomendada por Su Padre Dios. Afirmando además que deseaba cumplir con la ley y los profetas. La dirección y guía divina en su vida era evidente.

La Biblia nos recalca que Jesús *"fue obediente hasta la muerte y muerte de cruz"*. Él tenía claro el propósito de Su vida que era precisamente cumplir la ley que los seres humanos no podemos cumplir. Su misión era abrir el camino de la gracia hacia el trono de Dios para la salvación de los pecadores.

Él sabía que cumpliendo estrictamente la ley de Dios podía conseguir el derecho a la vida eterna para los que creyesen en él. Es sumamente importante no olvidarnos nunca la importancia que la vida de Jesús tiene para nuestra salvación.

Lo que ninguno de nosotros puede hacer, lo hizo Cristo por nosotros.

Tarea para crecimiento personal:
1- Describa con sus palabras lo que usted entiende es la misión de Jesús en el mundo.
2- ¿Cuál es la enseñanza principal que usted aprende en el bautismo de Jesús?
3- ¿Cuál era el propósito de la vida de Jesús?

XI

LOS SUFRIMIENTOS Y MUERTE
DE JESUS

Nunca podríamos expresar con palabras todos los sufrimientos que nuestro amado Salvador sufrió por nosotros. Brevemente consideraremos entonces los crueles y horribles sufrimientos del Salvador que tanto amó al mundo que se entregó a si mismo por él. Todos estos sufrimientos tienen una gran importancia por cuanto ellos fueron puestos sobre Jesús para que nosotros fuésemos librados de ellos.

Con asombro vemos cuán grande e indescriptible fue Su amor por nosotros, a pesar de que toda la humanidad persistía en su pecado y rebeldía, el Padre decidió enviar a Su amado Hijo para pagar por nuestra culpa. De esta manera define Juan la expresión de este gran amor por cada uno de nosotros: *"En esto consiste el amor: no en que nosotros hayamos amado a Dios, sino en que él nos amó a nosotros, y envió a su Hijo en propiciación por nuestros pecados"* (1 Juan 4:10). ¡Él nos amó primero! ¡Él decidió ofrecer Su vida por nuestra culpa! ¿Cómo no amar a un Dios y Padre tan lleno de amor por nosotros? Sí, ¡nosotros le amamos a Él porque Él nos amó primero!

A. El aspecto redentor del sufrimiento de Cristo.

Generalmente cuando de este tema se trata, muchos estudiosos se limitan a las crueles horas pasadas por Jesús en la cruz. Otros por su parte se acercan más a la verdad incluyendo también las largas horas que el Salvador sufrió en las manos de los soldados romanos que de Él se burlaban y golpeaban. Aun así, si leemos con atención las Escrituras, descubrimos las evidencias de que los sufrimientos de Cristo, se extendieron mucho más que eso. En un sentido profundo se puede decir que Él sufrió toda su vida aquí en la tierra. Por ello veremos algunas causas de ese sufrimiento.

Lo primero que debemos considerar es que Jesús era el Santo de Dios sobre la tierra. Esto implicaba estar en contacto directo con gente pecadora. Para el corazón de un santo, tener que convivir con gente mala y pecadora es un continuo sufrimiento.

Otra causa es que Jesús sufrió constantemente los ataques de Satanás. En el desierto vemos al diablo tentándolo con el fin de hacerlo caer y que no cumpliera con el propósito redentor de Su misión.

También la misma gente de Su propio pueblo que Él amaba, y también en ocasiones sus propios discípulos, tuvieron una actitud de incredulidad y se burlaron de Él.

Reflexionemos también en que las facultades espirituales e intelectuales de Jesús eran muy superiores pues él no tenía pecado en Su naturaleza. ¿Qué alcance habrá llegado a tener Su visión del mundo? Lo suficiente como para sufrir profundamente al ver la situación del mundo que Dios había creado justo y santo, ahora manchado y contaminado por el pecado. Un mundo sumido en la maldad y el dolor en todos sus aspectos. Esto debía desesperar Su corazón lleno de amor por la humanidad caída.

Desde el milagro de la encarnación Jesús comenzó a sufrir a causa de identificarse con la naturaleza humana. Paulatinamente fue creciendo hasta llegar a una magnitud mayor. Todo esto hasta que llega el momento culminante de Su pasión y muerte en la cruz.

B. ¿Cuáles fueron las causas del sufrimiento de nuestro Redentor?

Muchas veces la gente en reuniones sociales o participando de una charla, si se preguntan por qué sufrió Jesús en la tierra escucharemos con asombro muchas respuestas y opiniones erróneas. Algunos dicen que Jesús sufrió porque los judíos eran malos y perversos y no querían escuchar Sus enseñanzas. Luego otros creen que Jesús sufrió porque condenó demasiado severamente a las autoridades y régimen de gobierno de Su día. Y también que Cristo sufrió porque era un idealista, que con Su ejemplo demostraba de qué manera debe defenderse un sistema o una idea. Más allá de la diversidad de opiniones por ideologías y filósofos de moda, la enseñanza de la Biblia permanece firme.

¿Que nos enseña la Biblia y especialmente los evangelios y epístolas? La enseñanza es clara y precisa: la Biblia afirma claramente que Cristo *"sufrió por nuestros pecados"*. De manera que si todos los hombres hubiesen sido santos y justos, Jesús no habría necesitado sufrir en la cruz. Pero la Biblia afirma que *"no hay justo, ni aún uno"* (Romanos 3:23).

En conclusión, la única razón del sufrimiento de Jesucristo, fue que los hombres se habían apartado de Dios. Sólo el sacrifico de un hombre sin pecado, como sacerdote santo y sin mancha, podía abrir un camino seguro para que el hombre pecador lo recorriera nuevamente hasta el trono de la gracia. Este gran hecho con repercusión eterna para el alma humana, lo logró Cristo con sus sufrimientos y muerte redentora. Y este es el cuadro redentor y profético que podemos leer en el capítulo 53 de Isaías.

C. La muerte redentora de Cristo.

El hecho relatado en la Biblia, que estaba ya determinado por Dios que Jesús había de morir, es sorprendente. Así lo expresa el apóstol Pedro: *"... a éste, entregado por el determinado consejo y anticipado conocimiento de Dios, prendisteis y matasteis por manos de inicuos, crucificándole"* (Hechos 2:23).

Nos sorprenderá descubrir que nada de este plan quedó librado al azar. En su sabiduría Dios opera con medios definidos. Las circunstancias que desembocaron en la muerte de Cristo tienen interesantes detalles. Especialmente porque es la muerte misma que tiene tanta importancia para el hombre pecador.

1. Algunos detalles de Su muerte.

Los evangelios nos relatan que Cristo fue traicionado por uno de sus propios discípulos, es decir, en el círculo de los doce que Él había escogido. Ese discípulo llamado Judas Iscariote pasaría a la historia como un horrible traidor. Treinta monedas de plata fue su precio.

Luego de la detención de Jesús, y siguiendo todo el proceso de falsas acusaciones es evidente la falta de culpa para condenar a Jesús. Sin embargo era preciso que fuera condenado a muerte. Era necesario pasar por la cruz para que el plan de Dios se cumpliese.

La burla de los soldados romanos sin duda fue algo verdaderamente insoportable. Pero Jesús no se defendió. Como cordero fue llevado al matadero. ¡Cegados por el diablo no sabían que se estaban burlando del mismo Hijo de Dios! ¡Y que también lo hacía por ellos!

2. La forma de Su muerte.

Muchas preguntas vienen a nuestro corazón. Jesús podría haber muerto envenenado cual Sócrates, asesinado como Julio César, o también de muerte natural. La Biblia afirma que murió crucificado. Su muerte no es sólo una muerte más.

¿Cuál era la causa de una muerte tan penosa y cruel? El Redentor debía pasar por la peor de las muertes, para que así Su ofrenda fuese un sacrificio perfecto. En otras palabras, Él debía ser maldito al cargar con todos los pecados de la humanidad. Dios había dicho: *"Maldito es todo aquél que es colgado de un madero (o cruz)"*.

Así que ante este hecho no quedaba la menor duda de que Jesús era... maldito de Dios. ¡Así de grande y sublime fue el sufrimiento de Cristo por nosotros!

3. El fruto de Su muerte.

En este momento de seguro te estas preguntando: ¿Para qué o para quién murió Jesús? Tiene mucha importancia esta pregunta. Pues Él mismo no necesitaba morir para ganar el cielo puesto que Su naturaleza era sin pecado. También debemos considerar que Él venía del cielo. El cielo era su origen.

Muchos creen en una doctrina "universalista" acerca de Su muerte, diciendo que murió por los hombres de todos los tiempos. Luego afirman que entonces "todos son salvos". Pero no es eso lo que la Biblia enseña concretamente. Una media verdad no es toda la verdad y puede llevarnos a una muy mala decisión.

El resumen del evangelio que encontramos en Juan 3:16 es claro, y nos deja ver la verdad. *"Dios envió su hijo al mundo para que todo aquél que en él cree no se pierda mas tenga vida eterna"*. La muerte de Jesús solo es aplicable con Su poder redentor <u>a los que creen.</u> Estos reciben perdón y vida eterna. (Puede ver también Juan 1:12).

Tarea para crecimiento personal:

1- Describa dos razones para afirmar que Jesús sufrió toda su vida.
2- ¿Cuál fue la causa principal del sufrimiento de Jesús?
3- ¿En qué pasaje de la Biblia podemos leer esto?
4- ¿Por qué murió Jesús en una cruz?
5- ¿Por quiénes murió Jesús en la cruz?

XII

EL PORTENTO DE LA SEPULTURA
Y RESURRECCIÓN DE CRISTO

Avanzamos hacia un paso más elevado de la vida del Señor Jesucristo. Reflexionemos que la sepultura de Su cuerpo humano era también un suceso más en que el Señor escogía humillarse por amor a nosotros. Aquel que simbolizaba la vida descendía a la sepultura.

Por ello afirmamos que la resurrección de entre los muertos es un paso hacia un estado superior. Lo lleva a ocupar una posición de autoridad. Él fue el primero en humillarse para luego ser exaltado por el Padre - principio este que en la vida cristiana es muy poderoso porque Él abrió el camino de la verdadera victoria. El que se humilla por amor y obediencia será exaltado.

A. El día de su sepultura.

Luego de aquellas amargas y dolorosas horas, imposibles de describir, en las que Él estuvo colgado en la cruz se acercó el momento de Su muerte. Se nos describe en el relato del evangelio algunas cosas extraordinarias que tuvieron lugar en ese mismo momento al exhalar nuestro amado Salvador Su último respiro. Creo importante leer los hechos sobrenaturales, que acontecen en ese momento. El mundo espiritual es conmovido, y la tierra recibe una demostración evidente del poder de Cristo. Leamos utilizando nuestra imaginación para que esas figuras iluminen nuestra comprensión del texto:

"Mas Jesús, habiendo otra vez clamado a gran voz, entregó el espíritu. Y he aquí, el velo del templo se rasgó en dos, de arriba abajo; y la tierra tembló, y las rocas se partieron; y se abrieron los sepulcros, y muchos cuerpos de santos que habían dormido, se levantaron; y saliendo de los sepulcros, después de la resurrección de él, vinieron a la santa ciudad, y aparecieron a muchos. El centurión, y los que estaban con él guardando a Jesús, visto el terremoto, y las cosas que habían sido hechas, temieron en gran manera, y dijeron: Verdaderamente éste era Hijo de Dios" (Mateo 27:50-54).

Muchos abran pensado que su muerte era el fin de la obra de Cristo. Pero todos los acontecimientos aquí descritos no son fáciles de pasar por alto, como si nada hubiese pasado. Todavía faltaba el momento en que sería sepultado. En el plan perfecto de Dios estaba establecido que debía el Cristo pasar por todo el proceso de la muerte en su integridad.

Por ello, se nos relata que algunos varones piadosos, entre los que estaba José de Arimatea, pidieron permiso para dar sepultura a Su cuerpo. Era día viernes y Jesús fue puesto en una tumba nueva. No sólo la gente estaba convulsionada al vivir estos hechos sobrenaturales, las autoridades religiosas e imperiales estaban preocupados y convinieron entre ellos de que se colocara una fuerte guardia armada frente a la tumba que había sido sellada con una gran piedra. Todo esto por el temor, decían ellos, de que los discípulos vinieran de noche a robar el cuerpo de su Señor y maestro. Sin embargo para los creyentes sería suficiente recordar que el mismo Señor Jesús había profetizado reiteradamente antes de morir que al tercer día resucitaría de entre los muertos.

B. El milagro de la resurrección.

A lo largo de la historia y desde el principio muchos relatos y fábulas supersticiosas se han tejido alrededor de este hecho portentoso de la resurrección. Para un conocimiento más objetivo no vendrá mal el examinar algunas de estas teorías.

1. Algunas ideas erróneas y sin fundamento acerca de la resurrección.

a. La primera, es una versión que confabularon entre ellos, los mismos que llevaron a la muerte a Jesús. Tantos judíos como romanos tenían intereses religiosos y políticos como para querer que Jesús hubiese muerto de verdad. Y no ahorraron de escrúpulos para tratar de demostrarlo. Así que, dijeron que finalmente los discípulos lograron robar el cuerpo de Jesús, y que luego se pusieron a la tarea de predicar que Jesús había resucitado.

El propósito era hacer quedar como falsos a los discípulos en cuanto a lo que predicaban, y como dementes al sufrir martirio y persecución por una mentira. Claro que ellos no podían imaginar, debido a su ceguera espiritual, que el Cristo resucitado se haría presente en la predicación de Sus discípulos autenticando su mensaje con señales y prodigios.

b. Otra teoría, si se quiere un poco graciosa, relata que simplemente Jesús se desmayó y que no había muerto. Luego simplemente a los tres días se despertó de Su desmayo y salió tranquilamente del sepulcro. Claro que olvidan que a Jesús los mismos soldados comprobaron su muerte. Además, le atravesaron con una espada. ¿Cómo podría él luego de tres días sin comer ni beber y de haber recibido tanto castigo, levantarse y mover una piedra tan grande que fue colocada por varios soldados? Por supuesto que no pasa de ser una historia ridícula.

c. Otra versión más fantasiosa aún nos dice que los discípulos de Jesús, en su desesperación por Su muerte y con sus mentes afiebradas por el shock de la perdida vieron visiones de Jesús y creyeron que era verdad, presentando a Tomas como el héroe invitado a poner el dedo en los agujeros dejados por los clavos en el cuerpo de Jesús. Claro que los que conocemos el verdadero relato bíblico sabemos que esto es una distorsión de la verdad. Aún a Tomas en su incredulidad Jesús le mostró Su amor apareciendo cuando él también se encontraba presente. Allí el incrédulo cayó a los pies del Salvador convertido en un creyente arrepentido. Hay otras teorías que no vale la pena recordar por su superficialidad, además, que por el carácter de esta publicación, no lo permite el espacio.

2. El carácter sobrenatural de la resurrección.

a. Es imposible negar el hecho milagroso obrado por Dios. Por ello es también una tarea sin sentido tratar de explicar la resurrección de alguna manera científica o método humano. Muchos tratan de hacerlo con leyes naturales. Sin duda que la ciencia tiene un papel importante para el avance de la humanidad y especialmente si es usada en obediencia a los principios universales de Dios. Pero de ninguna manera puede atribuirse esta capacidad. Dios es Dios precisamente porque ningún ser creado puede explicarlo. Lo sobrenatural está delante de nosotros. Sólo podemos alabar a Dios y aceptar con regocijo el gran hecho de la resurrección.

b. Es sorprendente y maravilloso entender que en esa tumba el Espíritu Santo hizo una obra de gloria sobrenatural en el cuerpo de Jesús. El cuerpo con el cual Cristo salió del sepulcro no era el mismo que tenía antes de morir. Era por cierto el mismo cuerpo pues se podían ver las marcas de los clavos y en su costado. Pero sus cualidades era la de un cuerpo glorificado. Podemos observar que ningún cuerpo humano como el nuestro puede tener este comportamiento:

"Mientras ellos aún hablaban de estas cosas, Jesús se puso en medio de ellos, y les dijo: Paz a vosotros. Entonces, espantados y atemorizados, pensaban que veían espíritu. Pero él les dijo: ¿Por qué estáis turbados, y vienen a vuestro corazón estos pensamientos? Mirad mis manos y mis pies, que yo mismo soy; palpad, y ved; porque un espíritu no tiene carne ni huesos, como veis que yo tengo. Y diciendo esto, les mostró las manos y los pies. Y como todavía ellos, de gozo, no lo creían, y estaban maravillados, les dijo: ¿Tenéis aquí algo de comer? Entonces le dieron parte de un pez asado, y un panal de miel. Y él lo tomó, y comió delante de ellos" (Lucas 24:36-43).

Este es solo uno de los pasajes que podemos leer en el Nuevo Testamento, y que hablan de las cualidades de la persona glorificada de Jesús.

c. Muy importante para cada cristiano es el hecho de entender que el cuerpo de Jesús es similar al que recibirán los redimidos en el día de su resurrección. San Pablo lo explica de esta manera:

"Porque si fuimos plantados juntamente con él en la semejanza de su muerte, así también lo seremos en la de su resurrección" (Romanos 6:5).

Un pasaje extraordinario que amplía con muchos detalles este tema es el capítulo 15 de la epístola a los Romanos, escrito también por el apóstol Pablo. Es apasionante leerlo. Cada descubrimiento de ese pasaje es un verdadero tesoro para la fe y la esperanza del creyente.

3. ¿Por qué es tan importante la resurrección para la fe del cristiano?

En la fe cristiana la doctrina de la resurrección es una de las piedras angulares en las que se sostiene, por así decirlo, todo el fundamento que demuestra que la religión cristiana es verdadera. Veamos entonces:

a. Es importante porque el hecho glorioso de la resurrección de Cristo comprueba definitivamente que Él es realmente Dios, que se manifestó como hombre sin pecado y como tal logró la redención para todo aquel que crea.

b. Su vida, muerte, resurrección y ascensión a los cielos deja establecido claramente Su conquista sobre el último enemigo del hombre.

Para los que tienen a Cristo como Señor y Salvador de sus vidas este es su seguro refugio, no hay más temor ni inseguridad ante la muerte ni el sepulcro.

c. Dios encontró en el sacrificio de Cristo la perfecta ofrenda que le satisfizo. Cristo sin pecado y perfecto en obediencia y amor alegraron el corazón del Padre. De no ser así seguramente Dios hubiera dejado a Jesús en el sepulcro y nuestra salvación no se hubiera completado.

d. Por último, nos deja ver un esbozo maravilloso y de acuerdo con la enseñanza del Nuevo Testamento, de cómo será lo que viviremos nosotros en el día de nuestra resurrección. ¡Gloria a Su Nombre!

Tarea para crecimiento personal:
1. ¿Por qué concluye usted que es tan importante la resurrección? Explique brevemente.
2. Cite brevemente una teoría errada sobre la resurrección.

3. Explique brevemente qué cualidades tenía el cuerpo de Jesús después de resucitar.
4. ¿Qué hecho viene a certificar que Dios estaba conforme con el sacrificio de Cristo?
5. ¿Qué nos deja ver esta enseñanza relacionada con el día de nuestra resurrección?

XIII
LA ASCENSIÓN DE CRISTO
A LOS CIELOS

Cuando tratamos el tema de la resurrección dijimos que era un paso más hacia un estado de elevación superior en la vida de Cristo. Pues es evidente un grado de evolución de Su gloriosa Persona a medida que llegaba a cada nueva etapa en su ministerio. Es así con la ascensión. Aquí podemos observar a Cristo en un momento de gloria y poder sobrenatural.

A. Las actividades previas a Su ascensión

Esto es importante pues nos ayuda a entender, en su contexto, los hechos acaecidos a partir del tercer día en que resucitó luego de haber sido dejado en el sepulcro. Sin embargo, no ascendió inmediatamente. Vamos a considerar algunos hechos que realizó Jesús entre su resurrección y ascensión.

1. Las manifestaciones de Jesús resucitado.

En el relato del Nuevo Testamento podemos leer acerca de varias apariciones de Jesús resucitado. Un detalle muy interesante es que en estos casos nunca se mostró a algún incrédulo. Sus manifestaciones físicas se limitaron solamente a los que creían en Él. Obviamente, porque tenían como propósito fortalecer a Sus discípulos, en un momento tan triste y conflictivo para ellos. Era ese pequeño grupo de creyentes quienes necesitaban ser animados en su fe. Imaginemos cómo se habrán sentido. Ellos habían creído y seguido a Jesús como el Hijo de Dios. Ahora se encontraban desalentados y llenos de dudas. Se preguntaban, en medio del dolor, si en realidad ese Jesús que habían conocido era el Cristo.

Jesús se aparece a ellos para demostrarles que su esperanza era correcta, y con un fundamento cierto. Citamos brevemente algunas de estas apariciones relatadas en las Escrituras:

a. Se manifestó a las mujeres que fueron a visitar su sepulcro (Mateo 28:9).

b. También visitó de esa manera a diez de sus discípulos que estaban reunidos en Jerusalén, estando bien asegurada la puerta con traba, por temor. Él apareció en el medio ante su espanto. Judas ya no estaba y Tomás estaba ausente en ese momento (Juan 20:19).

c. Otro relato muy especial es cuando se aparece a dos de sus discípulos en el camino a Emaús (Lucas 24:15).

d. También se aparece a más de quinientos hermanos que estaban reunidos, según lo cita San Pablo en 1 Corintios 15:6.

2. Las instrucciones finales a los apóstoles.

Como ya dijimos, ellos necesitaban ver a Jesús nuevamente. Él los había llamado a predicar el evangelio personalmente. Pero ellos eran personas sencillas que se sentían débiles para saber cómo cumplir con esa misión. No podían ver con claridad cómo hacer o cómo proceder. Ante esa realidad el Señor Jesucristo les impartió instrucciones claras sobre las tareas a ejecutar para cumplir su misión. Podemos leer cómo les animó y les hizo preciosas promesas. Analizaremos dos cosas que se destacan de una manera especial en esas instrucciones.

a. La misión evangelizadora.

"Por tanto, id, y haced discípulos a todas las naciones, bautizándolos en el nombre del Padre, y del Hijo, y del Espíritu Santo; enseñándoles que guarden todas las cosas que os he mandado; y he aquí yo estoy con vosotros todos los días, hasta el fin del mundo. Amén" (Mateo 28:19, 20).

Sin duda que esta orden dada por Jesús a Sus discípulos constituye uno de los más grandes textos de las Escrituras. Nadie hubiese imaginado el alcance ilimitado que tuvo y su efecto transformador para *"todas las naciones"*.

Es así que, gracias a esta orden de su Maestro y Señor, los discípulos recorrieron el mundo, sembrando la palabra del evangelio en todas las direcciones del globo terráqueo. Gracias a este mensaje y su poder puede decirse, sin temor a equivocarnos, que la humanidad recibió oxígeno divino para no perecer en su maldad. Nunca la historia humana sería la misma. Mucho más si entendemos que esta orden era algo extraordinario para un puñado de apóstoles temerosos y dubitativos.

La orden evangelizadora se cumplió y continúa en manos de hombres débiles pero llenos del Espíritu Santo transformando con su mensaje hasta el fin de los tiempos. Cuando la última persona escuche el glorioso mensaje, entonces aparecerá el Hijo del Hombre en Su segunda venida.

b. La promesa del Espíritu Santo.

¿Por qué es tan importante esta promesa? Jesús no se olvidó que Sus discípulos deberían encarar esta misión conviviendo con su naturaleza humana pecadora y débil.

Él conocía bien la situación en que se encontraban en ese momento, los temores que tendrían y las dudas que atacarían como un veneno sus corazones tan sacudidos.

Aún antes de que lo prendiesen y mataran, Él se los había advertido. Y también trató de animarlos afirmándoles que enviaría un Consolador. Ahora ante su inminente partida antes de ascender al cielo, les ordena que esperen en Jerusalén el cumplimiento de la promesa para recibir el Espíritu Santo. Sería este el punto culminante porque recibirían la unción y el poder del Espíritu que los capacitaría espiritualmente para encarar la gran tarea que tenían por delante, es decir, llevar el evangelio ¡hasta lo último de la tierra!

B. El significado de la Ascensión para la fe del cristiano.

Podría decirse que la ascensión marca un clímax final para la biografía de la vida de Jesús mientras estuvo en la tierra. Es el momento cuando Él vuelve a Su lugar de origen que no es otro que el mismo cielo. A su vez, este evento es algo sencillo de narrar.

Cuarenta días después de la resurrección, Jesús y sus discípulos se trasladaron a un monte vecino, que antes ya habían frecuentado. Jesús muchas veces veía necesario estos retiros, ya sea a solas, y otros acompañados con sus discípulos con el fin de descansar del asedio constante de la gente que le buscaba constantemente.

En este caso, como ya comentamos, Él les da las últimas instrucciones a sus discípulos, y luego mientras está aún hablando, en medio del estupor de ellos, comenzó a elevarse y desapareció en los cielos ante su propia vista.

De alguna manera había que sacar a los discípulos de ese estado de asombro que los había paralizado. Así que Dios envió dos ángeles del cielo para sacarles de su estupor y referirles nuevamente que este mismo Jesús que acababa de irse regresaría pronto de la misma manera.

C. Cuatro características significativas de la ascensión.

Nos detenemos en ellas pues tienen que ver con una comprensión del hecho mismo que desarrolla nuestra fe. Nos ayuda a crecer espiritualmente el conocimiento de estas verdades.

1. Notemos en primer lugar, que la ascensión de Cristo nos demuestra de una manera clara que el cielo es un lugar específico. Cuando Jesús ascendió lo hizo en presencia de Sus discípulos en forma corporal y visible. Analicemos entonces que si el cuerpo de Cristo se elevó, debe haber ido a un lugar acorde con su cuerpo glorificado, es decir, donde Cristo pudiese morar en condiciones semejantes. Este lugar no es otro que al que la Biblia se refiere como el cielo.

Ahora, nosotros no sabemos exactamente donde está el cielo. Si tenemos en cuenta que lo espiritual es primero, debemos entender que se encuentra en un lugar en el espacio del universo donde Dios habita especialmente. Y que no necesariamente es en el universo material, pues Él mismo lo ha creado. Creo más bien que se trata de un universo paralelo en el mundo espiritual perfecto y santo donde Dios habita, que no está sujeto al tiempo.

No creo que pueda medirse tampoco por años luz. Los tiempos de Dios no pueden ser explicados por los hombres. Por eso está escrito que Dios es Dios *"desde la eternidad y hasta la eternidad"*. ¡Grande es su Majestad!

2. Llama la atención cómo en el evangelio de Juan en el capítulo 14, y antes de su muerte en la cruz, Él les advierte que se separaría de ellos. A su vez, es claro en manifestarles lo que está sucediendo. Les dice que se separaba de ellos para *"ir a prepararles un lugar"* para ellos. Concluimos entonces que la ascensión nos asegura con seguridad que esa promesa de Jesús se está cumpliendo. Jesucristo fue a preparar lugar para Sus redimidos en las muchas mansiones celestiales en el reino de nuestro Padre.

3. En un sentido puede afirmarse que entre los resultados poderosos de la ascensión de Cristo, quizás el más importante es el envío del Espíritu Santo a Su iglesia. El Redentor debía reunirse con Su Padre, para recibir la recompensa por Su sacrificio. Eso implicaba, una vez consumado el acto redentor, el tiempo propicio para enviar el Espíritu Santo - el mismo del cual había hablado y enseñado el Maestro a Sus discípulos aquí en la tierra. Ahora le conocerían de manera personal e íntima, pues vendría a reanimar y dar poder maravilloso a los tristes y abandonados creyentes. Y, por sobre todo, a quedarse para siempre en ellos mientras la iglesia continúe en la tierra.

4. Y concluiremos este apartado con otro significado importante de la ascensión, que está muy relacionado con cada uno de nosotros. Me refiero a la verdad tan importante como poderosa de que Cristo subió al cielo para situarse allí a la derecha del Padre como nuestro efectivo Intercesor. Allí en la corte celestial cumple Su ministerio de Abogado ante el Padre a nuestro favor. Nos defiende y demanda de Dios la salvación de todos aquellos que creen en Él y Su obra redentora.

Hemos de destacar también la gran autoridad de la que ha sido investido. Grande es Su poder pues está sentado a la diestra de Dios, una posición de privilegio y poder. Por una parte Él tiene plenos derechos de reclamar la salvación por todos los que murió en la cruz, y por otro, intercede en ayuda y socorro de todos los que hemos tenido la gracia de creer en Él.

Tarea para crecimiento personal:
1. ¿A quiénes apareció Jesús luego de su resurrección?
2. Enumere las instrucciones que Cristo dio a sus discípulos antes de ascender al cielo.
3. ¿Por qué afirmamos que el cielo es un lugar?

XIV

LA PERSONA MARAVILLOSA DEL
ESPÍRITU SANTO

La Palabra de Dios es muy clara en cuanto a la enseñanza de revelarnos de una manera muy insistente que Dios es uno. Desde Génesis al Apocalipsis el concepto teo-céntrico de la fe del pueblo de Israel, y posteriormente de la iglesia, no deja lugar a dudas que no hay más Dios que uno.

Pero son también las mismas Escrituras sagradas las que se encargan de revelarnos que ese Dios único y eterno decidió revelarse como la Santa Trinidad en diferentes momentos de Su manifestación al hombre a lo largo de la historia humana. La doctrina de la Santa Trinidad tiene que ver con un Dios manifestado en tres personas, como hemos venido apreciando, Dios el Padre, Dios el Hijo y Dios el Espíritu Santo.

En este proceso revelador de la divinidad, Dios creó el mundo y lo gobierna en Su soberanía y providencia. Dios el Hijo, de acuerdo con el plan diseñado desde la eternidad en el corazón de Dios, es enviado al mundo como hombre para llevar a cabo la redención del hombre perdido en su pecado. Dios el Espíritu Santo, es quien queda en la tierra para ungir a los creyentes y trabajar con la iglesia de Jesucristo llevando el mensaje del evangelio hasta la manifestación final del Señor Jesucristo. Es la persona del Espíritu Santo que consideraremos ahora en cuanto a su naturaleza y ministerio.

A. ¿Quién es el Espíritu Santo según el registro de las Escrituras?

Planteamos la pregunta de esta manera porque no debemos olvidar que la base única de autoridad para el cristiano que ha nacido de nuevo, es siempre el registro escritural que contiene la Biblia.

Debido a la ignorancia de las Escrituras hay muchos que opinan y creen erróneamente sobre el Espíritu Santo. Esto suele suceder a menudo a causa de que el Espíritu Santo, por Su misma naturaleza divina, no se presta a representaciones místicas o paganas. Más allá de alguna interpretación excepcional, encontramos que muchas personas, aún muy religiosas, piensan que el Espíritu Santo es nada más que un fenómeno, como puede ser una fuerza o energía, y hasta un principio o una idea. También se confunden sus manifestaciones *"como fuego"*, *"como viento"*, *"como paloma"* etc., sólo para citar algunas, sin entender que estas son múltiples maneras de manifestarse Su Persona.

No puede ser de otra manera porque en las páginas de la Biblia el Espíritu Santo es tan Dios como el Padre y como el Hijo. Las Escrituras le asignan Sus mismos atributos y personalidad. Veamos unos breves ejemplos:

1. El Espíritu Santo tiene conocimientos propios, como podemos leer claramente en el evangelio de Juan capítulo 14:26:

"Mas el Consolador el Espíritu Santo, a quien el Padre enviará en mi nombre, él os enseñará todas las cosas, y os recordará todo lo que yo os he dicho".

2. Leemos en varios textos bíblicos donde se le atribuye el mismo puesto de igualdad en relación con el Padre y con el Hijo. Como por ejemplo:

"Por tanto, id, y haced discípulos a todas las naciones, bautizándolos en el nombre del Padre, y del Hijo, y del Espíritu Santo".

De la misma manera tiene atributos divinos tan importantes como son omnipresencia y omnipotencia. Sólo con lo visto hasta aquí, difícil es negar la existencia del Espíritu Santo como una Persona idéntica al Padre y al Hijo, de la misma manera que resulta absurdo negar el misterio de la Trinidad, sólo por el hecho de que no podamos comprenderlo. Podemos concluir entonces que hay tres Personas. Para que quede entonces claro debemos afirmarlo de esta manera. El Padre es Dios, el Hijo es Dios y el Espíritu Santo es Dios. Y los tres tienen los mismos atributos y personalidad en pie de igualdad.

B. ¿Cómo trabaja el Espíritu Santo y cuáles son Sus obras?

Es maravilloso observar con detenimiento que en el plan divino todo se ha realizado en los tiempos perfectos de Dios. Así vemos que Dios el Padre generalmente está asociado con la obra de la creación del mundo y su gobierno (aunque también estuvieron involucrados el Hijo y el Espíritu Santo en esta obra. Ver Génesis 1:2, Colosenses 1:16).

A su vez el Hijo se caracteriza por ser quien ha llevado a cabo la obra redentora a favor de la humanidad. ¿Y cuál es el papel activo del Espíritu Santo? Pues de manera general puede decirse que tiene que ver con la obra de la regeneración en el creyente comenzando con el nuevo nacimiento.

¿Qué quiere decir esto? Pues que Cristo ganó los méritos necesarios, por decirlo de una manera, para la salvación de su pueblo. Sin embargo, ¿Quién los aplicaría? Esta es especialmente la obra efectiva y dinámica del Espíritu Santo. Pero conviene para el lector ordenar, si se quiere por lo menos, las obras más importantes que el Espíritu Santo realiza a favor de los creyentes.

1. En relación con la inspiración de la Biblia.

El Espíritu Santo fue quien guió e inspiró a los escritores sagrados para que escribiesen la verdad infalible de la Palabra de Dios.

"Porque nunca la profecía fue traída por voluntad humana, sino que los santos hombres de Dios hablaron siendo inspirados por el Espíritu Santo" (2 Pedro 1:21).

2. En relación con la capacitación y preparación del Hijo de Dios.

El Espíritu tuvo un papel relevante para que en su naturaleza humana Jesús pudiera ser nuestro perfecto Salvador.

"Respondiendo el ángel, le dijo: El Espíritu Santo vendrá sobre ti, y el poder del Altísimo te cubrirá con su sombra; por lo cual también el Santo Ser que nacerá, será llamado Hijo de Dios." (Lucas 1:35).

3. En relación con la salvación de las personas.

El Espíritu opera en los corazones produciendo el nuevo nacimiento en quienes responden al llamado de Dios.

"Respondió Jesús: De cierto, de cierto te digo, que el que no naciere de agua y del Espíritu, no puede entrar en el reino de Dios. Lo que es nacido de la carne, carne es; y lo que es nacido del Espíritu, espíritu es. No te maravilles de que te dije: Os es necesario nacer de nuevo. El viento sopla de donde quiere, y oyes su sonido; mas ni sabes de dónde viene, ni a dónde va; así es todo aquel que es nacido del Espíritu" (Juan 3:5-8).

4. En relación a su ministerio como el Consolador de los hijos de Dios.

Este es el nombre con el cual Jesús lo envió a nosotros. De la misma manera que vino para consolar a los desolados apóstoles así viene ahora al corazón de todos los que creen para ayudarles en sus afanes y tribulaciones.

"Y yo rogaré al Padre, y os dará otro Consolador, para que esté con vosotros para siempre: el Espíritu de verdad, al cual el mundo no puede recibir, porque no le ve, ni le conoce; pero vosotros le conocéis, porque mora con vosotros, y estará en vosotros" (Juan 14:16,17).

5. En relación con la función activa de traer iluminación.

El Espíritu Santo ilumina derramando sobre la mente y el corazón del creyente sabiduría y conocimiento para saber de las cosas de Dios (1 Corintios 2:12).

Es importante tener en cuenta que los incrédulos, o los que no han nacido de nuevo, no pueden acceder a este conocimiento porque no han recibido el Espíritu Santo.

6. En relación con la dirección divina.

Para el creyente, Él es quién guía y conduce sus vidas, como también a la comunidad de creyentes que es la iglesia.

"Mas el Consolador, el Espíritu Santo, a quien el Padre enviará en mi nombre, él os enseñará todas las cosas, y os

recordará todo lo que yo os he dicho" (Juan 14:26). Todo esto lo pudieron vivir de una forma real el día de Pentecostés cuando el grupo de discípulos reunidos recibió el Espíritu Santo.

Ese día recibieron de una manera especial su poder, y la iglesia comenzó a multiplicarse rápidamente. Es maravilloso ver como cada vez que el Espíritu Santo cambia un corazón, una nueva vida es transformada y agregada al cuerpo de Cristo.

Tarea para crecimiento personal:

1- Defina qué es la Trinidad.
2- ¿Qué opinan erróneamente algunas personas acerca del Espíritu Santo?
3- ¿Quién es el Espíritu Santo?
4- Mencione un texto bíblico donde el Espíritu Santo es igual al Padre y al Hijo.
5- ¿Cuáles son algunas obras del Espíritu Santo a favor de los creyentes?

XV

¿PORQUÉ NECESITAMOS
LA CONVERSIÓN?

A partir de este momento hemos llegado a un punto crucial. Y también muy personal. Hasta aquí hemos desarrollado la maravillosa obra del Señor Jesús, y la tan preciosa salvación que el lograra con Su vida, muerte y resurrección a nuestro favor. También hemos podido reflexionar sobre la verdad de que es el Espíritu Santo, el agente activo que aplica los méritos del sacrificio redentor de Cristo y los aplica a quienes disponen su corazón para ser salvos. La obra del Espíritu Santo es un don que Dios regala al hombre. Sin Él nadie podría ser salvo. Tampoco nadie puede darlo al pecador arrepentido sino solo el Espíritu Santo.

Claro que si tenemos un sincero deseo de conocer los caminos de Dios, surgirán estas preguntas: ¿De qué manera se manifiesta esa obra del Espíritu Santo en el receptor? ¿Qué proporciona al alma sedienta? Y también, ¿cómo afecta esa operación del Espíritu Santo al ser humano que la experimenta? Por ello debemos reconocer que son preguntas del mayor interés personal para nosotros ya que cada uno de nosotros necesitamos de este remedio redentor para ser libres del pecado y su consecuente castigo. Reflexionemos, en la que creo es la primera manifestación del Espíritu Santo, ya que suele suceder que constantemente nos preguntamos a nosotros mismos si la hemos experimentado verdaderamente.

A. Aprendiendo de los términos bíblicos.

Muchas veces en el español en que fue traducida nuestra Biblia puede no reflejarse claramente el significado correcto. Por ello, aunque sea en breve, debemos recordar que en los idiomas originales de la Biblia hay varias palabras para indicar la experiencia de la conversión. Y esta no es otra que un profundo arrepentimiento. De esas palabras podemos aprender un poco más de lo que esto significa.

1- El primer ejemplo lo tenemos en el libro 1 de Samuel en el capítulo quince y verso once. Donde se expresa de esta manera:

"Me pesa (arrepiento haber puesto por rey a Saúl, porque se ha vuelto de en pos de mí, y no ha cumplido mis palabras. Y se apesadumbró Samuel, y clamó a Jehová toda aquella noche." En este caso, el término tiene la connotación de arrepentirse de algo hecho y también sobre tomar la decisión de cambiar los planes de acción.

2- Luego encontramos otro caso en la conocida parábola del hijo pródigo quien se lamenta por lo que había hecho. Allí el escritor se expresa de esta manera:

"Me levantaré e iré a mi padre, y le diré: Padre, he pecado contra el cielo y contra ti." (Lucas 15:18). Siempre está la palabra relacionada con el arrepentimiento. Aquí se refiere a volverse, darse vuelta, cambiar de dirección de una manera radical.

3- Por ultimo citaremos el caso de cuando Pedro predica a la multitud en Pentecostés, y precisamente se "convierten" unas tres mil personas. El escritor relata así el momento del llamado:

"Pedro les dijo: Arrepentíos, y bautícese cada uno de vosotros en el nombre de Jesucristo para perdón de los pecados; y recibiréis el don del Espíritu Santo" (Hechos 2:38). Tengamos en cuenta que en ese contexto esto era un llamado de arrepentimiento a toda la multitud. Entonces la palabra se aplica "a una fuerte decisión de cambiar de idea"; o tener una idea y luego tener algo completamente opuesto a lo primero.

B. ¿Qué es la conversión?

Debemos tener en cuenta para alcanzar una idea clara de la conversión algunas consideraciones. Quizás podríamos comenzar diciendo que la Biblia habla muchas veces de la conversión. Pero también sobre varias clases de conversiones. Tenemos relatos de conversiones nacionales, cuando toda una nación se convertía. También tenemos otros de gente que parecía convertirse pero que muy pronto – como lo advertiría Jesús en la parábola del sembrador – estarían dispuestos a negar esa conversión.

Sin embargo, nuestro especial énfasis aquí es en la experiencia maravillosa de la verdadera conversión. Básicamente debemos afirmar que la conversión es un cambio- de allí lo que acabamos de ver acerca de las palabras usadas en la Biblia para describirla. La conversión no es otra cosa que tomar la determinación genuina de cambiar el sistema de vida, las ideas de la mente y los sentimientos del corazón.

El verdadero arrepentimiento significa una sola cosa. Cambio. Estar dispuestos, a partir de nuestro encuentro con Jesucristo, a adoptar Sus valores, Su modelo de vida. Es un estilo de vida semejante al de Cristo. Aquí también vamos a enumerar algunas características:

1. Es la decisión hacia un cambio radical.

Debemos reflexionar, ¿qué puede ser más radical que cambiar el rumbo de una vida hacia el lado totalmente opuesto? Es odiar las cosas de Dios y luego amarlas. Es también vivir alejándose de Dios cada vez más y luego determinar vivir acercándose a Dios cada vez más intensamente, cuyo cuadro nos pinta dicho contraste de una manera muy nítida en el relato del hijo prodigo. Puede leerlo en el capítulo 15 del evangelio de Lucas.

2. Es la decisión hacia un cambio de fe personal y religioso.

Debemos aclarar que la conversión no es como cambiar de partido político; tampoco como cambiar de club de fútbol. Es un cambio religioso porque está ligado (religión=re-ligare) y tiene que ver con la fe personal. Es una decisión personal e íntima con Dios.

3. Es la decisión de un cambio hacia Dios.

Cada persona vive en realidad lejos del Dios que la hizo. También muchos hacen su dios de ellos mismos y de lo que ellos desean y creen que es la verdad. Algunos hacen su dios del trabajo, otros de sus posesiones. Para descrédito de los que se dicen ateos debemos afirmar que todos tienen su dios. Precisamente, la conversión es cambiar esos falsos dioses por el único Dios vivo y verdadero manifestado en la persona del nuestro Salvador y Señor Jesucristo.

4. Es la decisión de abandonar el pecado y seguir a Cristo.

Cabe destacar que esas dos cosas constituyen el gran conflicto en la vida. Convertirse es rendirnos a Cristo para que nos limpie de todo pecado y nos haga Suyos. A partir de ese momento la decisión debe estar establecida por una fe inquebrantable, puestos los ojos en Jesús.

5. Es la decisión hacia un cambio consciente causado por algo interno.

En realidad, el hombre no quiere, ni tampoco puede lograr la conversión por sí mismo. La maldad de su corazón pecaminoso heredado de la raza adámica se lo impide. Necesita que su corazón cambie, y ningún hombre en este mundo puede lograr semejante milagro. Allí es cuando entra en acción el Espíritu Santo. Él cambia el corazón. Él convence de pecado, de justicia y de juicio (Juan 16:8). Al cambiar el corazón, entonces viene la conversión.

C. ¿Es siempre necesaria la conversión?

Debemos hacer esta pregunta pues está relacionada con la salvación eterna del alma. Algunos creen en "el universalismo". Creyendo de esta manera, que por pertenecer a una religión determinada ya son salvos. La Biblia por el contrario enseña claramente que la conversión es requisito indispensable para la salvación. Y que además, tiene que ver con una decisión personal como lo afirma el mismo Señor Jesús en Mateo 18:3:

"De cierto os digo, que si no os volvéis y os hacéis como niños, no entraréis en el reino de los cielos".

No puede describirse con mayor claridad la actitud correcta que debemos tener si queremos ser salvos. No se hereda ni se compra. Tampoco es algo que el ser humano pueda lograr haciendo méritos personales con sus buenas obras. La salvación es un don de Dios que recibimos mediante la fe en el Salvador. Pablo lo explica de esta manera:

"Porque por gracia sois salvos por medio de la fe; y esto no de vosotros, pues es don de Dios; no por obras, para que nadie se gloríe" (Efesios 2:8, 9).

Tarea para crecimiento personal:

1- ¿Qué aprendemos de las palabras usadas en los textos bíblicos usados para la conversión?
2- ¿Que se quiere recalcar al decir que la conversión es un cambio radical?
3- ¿Qué debe abandonar el que realmente se ha convertido a Cristo?
4- Explique según lo estudiado cuál es la causa de la conversión.
5- ¿Puede demostrar bíblicamente que la conversión es necesaria?

XVI

EL PODER DE LA FE
EN LA VIDA CRISTIANA

La fe es la que hace la completa diferencia entre una persona y otra. Quizás nos ayude imaginarnos un sencillo ejemplo. Supongamos que tenemos delante una persona que ha experimentado la conversión, y otra que no ha pasado por ella. ¿Qué diferencia hay entre una y otra? ¿Son iguales o no? Sin duda que estas dos personas son distintas. Especialmente porque una tiene fe y la otra no. Una se ha reconciliado con Dios y la otra no.

Una gran afirmación de la Biblia es que *"sin fe es imposible agradar a Dios"*. De manera clara, entonces, la fe es imprescindible para alcanzar la salvación. Por ello en este apartado trataremos de responder a una pregunta básica: ¿Qué es la fe?

La fe que tiene que ver con la salvación se la denomina muchas veces "la fe salvadora". Esta es la fe que nace en el corazón de una persona luego de haber escuchado el mensaje del evangelio.

A. La fe es necesaria para ser salvo.

Es muy importante saber algo de esta fe debido a su tremenda importancia para el alma humana. Luego deberemos hacernos otra pregunta: ¿Tengo yo esta fe salvadora? Veamos algunos conceptos breves que nos ayuden a responderla.

1. Dos características de la fe.

a. Conocimiento.

Cada ser humano para desarrollar su vida cotidiana en este mundo necesita cierto conocimiento de las cosas y de las personas que le rodean. Esto le ayuda a creer y tener fe. Podemos ilustrarlo con un ejemplo sencillo. Si alguien a quien no conocemos se acerca para informarnos que un familiar nuestro está gravemente enfermo nos costara creerle. Pero si esa misma información procede de una persona bien conocida, le creeremos enseguida.

De la misma manera la fe que salva comprende cierto conocimiento. En este caso es un conocimiento de la Biblia, de Dios y de Jesucristo como el Redentor. Si este conocimiento no llega a nosotros no podemos tener fe. Por ello San Pablo enseñaba: *"¿Cómo oirán si no hay quien les predique?"* lo que daba a entender que nadie podía creer en Cristo si no le conocían. Y para ello cada cristiano debe predicar Su mensaje. El mensaje sobre Cristo y su obra produce fe. Claro que uno aprende mucho más después de haber creído por primera vez. Pero para llegar a ese primer paso cierto conocimiento es indispensable.

b. Confianza.

Podemos notar entonces que este es el otro elemento de la fe salvadora, o que nos salva. De una manera clara el que decide creer en Cristo es porque tiene confianza en El. Y de una manera profunda es una convicción que solo puede producir el

Espíritu Santo, como resultado de que esta persona ha escuchado el mensaje del evangelio. Así esta persona está completamente segura que Jesucristo es su Salvador y Señor.

En su experiencia personal de fe no puede ver el cielo con sus propios ojos pero cree que existe porque Dios lo dice en Su Palabra. No sabe cómo puede ser que Dios lo salve pero lo cree con todo su corazón porque simplemente tiene confianza en Dios. Todo esto debido al proceso gradual que se produce en cada individuo como repuesta a la predicación del mensaje.

2. ¿Cómo se produce la fe? Algunas características.

a. La fe viene por el oír la palabra de Dios.

Conviene aclarar que esto es algo sobrenatural cuyo mérito corresponde a la obra del Espíritu Santo, y como consecuencia de quién escucha la Palabra de Dios. Es decir, que la predicación de la Palabra invita a la semilla de la fe hasta crecer en poder. Por ello es tarea constante de la iglesia el predicar la Palabra en todo tiempo y oportunidad para que todo ser humano escuche el glorioso evangelio de nuestro Señor Jesucristo. En realidad es importante recalcar, que toda actividad en la iglesia debe tener como fin que las personas sean impactadas con el mensaje del evangelio.

b. La fe incluye todas las promesas que Dios en Su amor hace a Sus hijos y la humanidad en Su Palabra.

Por ello es que cosas que son increíbles e indescifrables para el ser humano, el cristiano las tiene por verdades indiscutibles, pues no se trata sólo de entender sino más aun de creer que lo que dice la Biblia es Palabra de Dios. El camino cristiano no se comienza entendiendo, sino creyendo primero, para luego ir entendiendo a través del estudio y la oración. Primero es la fe. Luego la revelación que nos hace crecer en los caminos de Dios.

c. La fe crece y se desarrolla gradualmente en la vida del cristiano.

Esto es así desde el momento en que la persona da el primer paso de fe aceptando a Cristo como Salvador. Es un crecimiento en fe que durará toda la vida. De manera que cuantas más experiencias en el servicio y en la vida personal, todo ayudará para que la fe aumente y sea más fuertemente establecida llegando a ser poderosa.

d. La fe también puede debilitarse si el espíritu del cristiano no es alimentado.

Esto es casi siempre el resultado de una mala actitud. La pereza es un espíritu muy peligroso y que es alimentada aún en los círculos cristianos. Debemos estar en guardia pues vivimos en un tiempo de que todo se desea con rapidez y sin el menor esfuerzo.

La disciplina es fundamental en la vida del discípulo que quiere alcanzar lo mejor para su Maestro. Como una planta en el jardín que no es cuidada, abonada y regada así también la fe desaparecerá si no se la cuida. Esto es lo que sucede cuando dejamos a un lado, de manera superficial, la oración, la lectura y estudio de la Biblia, el día del Señor y faltando a las reuniones de la iglesia. El resultado es uno solo: una fe débil que va muriendo poco a poco.

Como conclusión a este capítulo, podemos decir que se puede tener una fe equivocada también, debido a conceptos erróneos, y que no están debidamente basados en las Sagradas Escrituras. Hay mucha gente que tiene una "fe histórica", es decir, que creen que todo lo que la Biblia dice es cierto. Están de acuerdo con sus relatos pero todo esto es solo un conocimiento intelectual. Dicho conocimiento no afecta su manera de vivir, pues tampoco afecta a su corazón para ver la necesidad de un cambio de vida a través del arrepentimiento.

Hay casos de gente que tiene 'fe para recibir milagros'. U otros pueden hacer milagros sobre ellos, como milagros de sanidad física pero cuando se trata de 'fe para salvación' no alcanzan a creer. Un ejemplo de esto lo podemos ver en el relato de San Lucas capítulo 17, donde Jesús sanó a diez leprosos pero sólo uno regresó para reconocer a Jesús como el Mesías Salvador.

También están aquellos, que como se nos ilustra en la parábola del sembrador, un día creen pero al otro día cambian de parecer aun ante la más mínima dificultad. Es una 'fe ambivalente' según las circunstancias o los sentimientos. Muchos se dicen cristianos por un tiempo y luego dejan de serlo volviendo a sus malos caminos. Desgraciadamente muchos se pierden eternamente engañándose de esta manera con estas falsas clases de fe. La fe que realmente salva es la que incluye un conocimiento claro del mensaje y una firme confianza en Cristo. La fe es siempre una decisión que uno mismo toma.

Tarea para crecimiento personal:

1- Escriba lo que se necesita para agradar a Dios.
2- ¿Cuáles son las dos características de la fe?
3- ¿Cómo crece la fe en la vida de un cristiano?
4- ¿Qué es lo que ayuda a debilitar la fe?
5- Según la conclusión del autor enumere tres ejemplos de una fe equivocada.
6- Escriba una conclusión personal respondiendo a esta pregunta: ¿Cómo le gustaría que sea su fe?

XVII

¿QUÉ ES LA VIDA CRISTIANA?

Lo primero que tenemos que analizar para responder y explicar esta pregunta es que, para llegar a ser cristiano según Jesucristo nos enseña, es vital la conversión. Está expresado más claramente en la primera parte de San Juan capítulo 3, donde el Señor Jesús no deja lugar a dudas enfatizándole de esta manera a Nicodemo, un importante maestro judío, lo que necesitaba. *"Respondió Jesús y le dijo: De cierto, de cierto te digo, que el que no naciere de nuevo, no puede ver el reino de Dios"* (Juan 3:3).

Este nuevo nacimiento es el que generalmente llamamos "conversión" puesto que por naturaleza el espíritu humano es contrario a Dios. Esto se produce mediante la fe. Es cuando la persona llega a una firme convicción de la enseñanza de Cristo y la seguridad personal que Él vivió y murió a su favor con el fin de salvarle de su pecado.

Por otra parte, es muy fácil decir que uno es convertido; también que tenemos fe. Pero esto puede reducirse a meras palabras.

Ellas pueden ser verdad como también pueden ser una mentira. La conversión es el resultado de una fe verdadera. Si esto es así entonces veremos un cambio de actitud hacia una vida cristiana verdadera. Simplemente porque en esta cadena de sucesos todo terminara en frutos que mostraran un cambio en el carácter de la persona. Esto es lo que Jesús enseñó cuando dijo que para distinguir a un verdadero discípulo debíamos mirar sus frutos.

A. Lo que no es la vida cristiana.

Trataremos dos ejemplos que son los más comunes en nuestro medio y especialmente en los países que se denominan "cristianos" ya sea de una manera nominal o histórica.

1- Es muy común escuchar que para ser salvo hay que "vivir una buena vida cristiana". Entendiendo esto como una condición. Es decir, que sostienen que una persona se salva porque vive una vida buena. Los católicos romanos enseñan y creen esto. La salvación se obtiene por buenas obras como un toma y daca. Cuantas más buenas obras sumamos en nuestra vida más cerca del cielo estamos. De allí la cantidad de peregrinaciones, rezos y misas pagadas, además de la asistencia al confesionario. Todo esto no es otra cosa que trabajo y sacrificio humano para alcanzar méritos suficientes para la salvación.

Pero también hay muchos protestantes cristianos que creen esto. De manera que enseñan que para salvarse uno debe hacer el bien, ayudar a los pobres, visitar a los enfermos, ser amables con los vecinos etc. y etc. La conclusión es que si una persona hace el bien se salva más allá de lo que cree o dice. Ambas posturas son contrarias a la verdad bíblica. La Palabra de Dios enseña claramente que somos salvos por la fe no por obras. Así lo explica el apóstol Pablo:

"Porque por gracia sois salvos por medio de la fe; y esto no de vosotros, pues es don de Dios; no por obras, para que nadie se gloríe.Porque somos hechura suya, creados en Cristo Jesús para buenas obras, las cuales Dios preparó de antemano para que anduviésemos en ellas" (Efesios 2:8-10).

Por supuesto que se espera que un verdadero cristiano haga buenas obras. Pero siempre serán por amor a Dios y a su prójimo, desinteresadamente, no para hacer méritos o 'comprar' su salvación.2- La otra posición tiene que ver con otro extremo muy de moda, y es el que afirma que vivir una vida cristiana no es necesario. Ellos afirman que como uno se salva por la fe no interesa lo que uno hace o cómo vive. Los que están de acuerdo con esta creencia afirman que como Dios los salva, eso los libera de toda ley u obligación. Tal manera superficial de pensar apoya el supuesto de que uno puede hacer lo que quiera o desee ya que de todas maneras Dios lo salva igualmente. Estas mentiras con forma religiosa son enteramente opuestas a la enseñanza de los apóstoles que nos exhortan a vivir una vida cristiana consagrada y acerca de la cual Santiago afirma que *"la fe sin obras es muerta"*. La vida de un cristiano genuino va acompañada en la práctica por los frutos del Espíritu en su andar cotidiano.

B. Características de una verdadera vida cristiana.

1- La vida cristiana tiene su origen en la fe. Sin una profunda fe en Cristo Jesús es imposible experimentar y vivir una vida cristiana. Por esto los que no experimentan un verdadero encuentro con Jesucristo, no pueden ser llamados cristianos verdaderos y jamás pueden saborear semejante clase de vida.

2- La vida cristiana jamás contradice la ley de Dios. Esto es de suma importancia. Pues aunque la salvación no está en cumplir la ley, cosa que por otra parte ningún ser humano podría lograr, el cristiano tiene el privilegio por la gracia de Dios, de saber exactamente lo que debe hacer. Entonces la ley ya no es para él una carga que ha de llevarse como un yugo. Es mejor aún, pues las señales en el camino son nuestra ayuda, para que con toda libertad, podamos escoger lo mejor.

3- La vida cristiana es una vida de gratitud constante. ¿Cómo agradecer de alguna manera en nuestra corta vida en la tierra el indescriptible amor que Dios ha manifestado por nosotros en la cruz del calvario? Todo lo que hace un cristiano, ha de hacerlo porque está profundamente agradecido por la gran salvación que Él le ha dado.

4- ¿Qué debemos hacer en la vida cristiana como señal de que hemos nacido de nuevo? Sólo enumeramos algunas que son las más normales y que como consecuencia de hacerlas parte de nuestra vida, nos ayudan a crecer espiritualmente. Por ejemplo:

Leer y meditar en la Palabra de Dios cada día apartando un tiempo para ello. También se puede comenzar un día a la semana, asistiendo a un estudio bíblico más profundo para tener un conocimiento más amplio de las Escrituras.

Orar (devocional) y adorar a Dios tanto en forma privada como en la iglesia.

Tener una actitud de fidelidad y constancia en el trabajo, oficio o profesión que Dios nos ha proporcionado.

Ser generosos y ayudar en lo posible a los necesitados de toda clase.

Siempre estar dispuesto a dar testimonio del amor de Dios a las personas que ignoran el mensaje de Dios y por lo tanto no toman conciencia de su pecado.

Finalmente, y con la ayuda de la gracia de Dios, procurar llevar una vida consagrada y dedicada a Dios. Eso será como una lámpara que alumbra en las tinieblas.

C. ¿Cuál es el propósito de llevar una vida cristiana?

En realidad todo nace en un corazón agradecido. Es imposible experimentar el amor y el perdón de Dios y no querer demostrar una verdadera gratitud. Una vida cristiana demuestra la gratitud de la persona hacia un Dios y Padre amoroso que le ha demostrado tanta bondad perdonando sus pecados y lo ha salvado de una vida de maldad.

También da muestra de un corazón que está firmemente establecido en su fe. Si alguien no puede vivir una vida cristiana tampoco puede saber nunca si verdaderamente es cristiano o no. Si es así, lo más seguro es que le falte todo lo necesario para ser cristiano. Sin embargo, si la persona está decidida a vivir una vida cristiana consagrada, puede estar seguro que su fe interior es verdadera y que él es un cristiano.

Esto está directamente relacionado por un profundo anhelo de agradar a Dios porque le ama. Cada día quiere saber más de Él y nunca se conforma. Sabe que en la búsqueda de Dios los tesoros del conocimiento son infinitos. La verdadera vida de fe tiene nuevas expectativas para cada día. Eso hace de la vida cristiana una apasionante experiencia.

Por último, podemos decir que salvar a otros para Cristo, es la más noble de las causas y la que trae más gozo y plenitud al corazón del cristiano. Cuando otras personas ven en la vida práctica el testimonio de una vida cristiana verdadera, muchos de ellos buscarán también la conversión a Dios y la fe en Jesucristo. Todos los cristianos tenemos la obligación de hablar a otros de Cristo. Por ello lo menos que se puede hacer es vivir una vida ejemplar para que otros vean reflejado a Cristo. Así, con sus propios ojos, verán lo que es un verdadero cristiano.

Tarea para crecimiento personal:

1- ¿Qué es indispensable para ser un cristiano verdadero?
2- ¿Qué valor tienen las buenas obras para alcanzar la salvación?
3- Enumere algunas cosas que debemos hacer como señal de que hemos nacido de nuevo.
4- ¿Puede describir con sus propias palabras lo que no es la vida cristiana?
5- ¿Cuál es el propósito de llevar una vida cristiana?

XVIII

LA GRAN IMPORTANCIA
DE LA ORACIÓN

Hemos considerado en el apartado anterior el tema de la oración, como una de las características esenciales en la vida espiritual. Ahora nos enfocaremos sólo en ella debido a la gran importancia que su práctica tiene para la vida victoriosa de un cristiano. Las grandes vidas que podemos ver en la historia de la iglesia que han sido poderosamente usadas por Dios tienen un denominador común: La oración ferviente y persistente. Consideremos entonces algunos aspectos de tan importante ejercicio.

A. La oración. El milagro de la comunión con Dios recuperado.

Desde un punto de vista general y hablando de la humanidad toda, el hombre depende totalmente de Dios. Así ha sido creado para ser efectivo como representante y administrador de Dios en la tierra. Lo trágico de su historia es que el escogió alejarse de Dios. A través de su revelación en la Biblia Dios ha dado la información necesaria para que la humanidad pueda acercarse nuevamente a Él - esto una vez que se ha encontrado con Cristo como Redentor personal. En la Biblia Dios nos habla clara y directamente revelando quién es Él y quién es el hombre.

Podemos decir entonces que en la Biblia Dios nos habla a nosotros de una manera personal. Por otra parte, la oración es nuestra respuesta a lo que Dios nos dice y nos revela en relación a Su voluntad para nosotros. Como ambas caras de una moneda, por si solas, ninguna nos satisface. Eso nos dejaría incompletos. La Biblia por sí sola no alcanza a satisfacernos plenamente. Tampoco la oración por sí sola es mejor. En la primera Dios habla y se revela al hombre y en la segunda el hombre habla con Dios. En la primera escucha y recibe. En la segunda responde y habla con su Padre.

Este es el milagro y la importancia de la oración. El hombre puede hablar con Dios, dialogar, hablarse mutuamente, derramar su corazón y sus más profundos pensamientos. La oración es hablar con Dios y que Dios nos hable a nosotros. Es la más sublime amistad que podemos tener mientras pasamos por este mundo: tiempo con Dios, intimidad con Dios. La oración nos hace vivir en el espíritu. También experimentar lo sobrenatural. Esto es el alto privilegio de los hijos de Dios.

B. La oración. Elementos importantes a tener en cuenta.

1. Alabanza y petición.

Toda oración contiene siempre un pedido. Pero debemos saber que la Biblia nos enseña acerca de muchas clases de oración. Como no es el tema de este libro solo mencionamos aquí lo básico. Sin embargo, es necesario detenerse en el hecho de que cuando vamos a orar siempre debemos comenzar con alabanza y gratitud a Dios. Luego podremos hacer nuestras peticiones. Debemos ser agradecidos por lo que Dios ha hecho en nosotros y lo que tenemos. Luego podemos orar por nuestra necesidad.

Para saber cómo orar de una manera correcta, es bueno tomar como ejemplo la oración del Padrenuestro donde Jesús enseñó a los discípulos a orar. Cada frase es una guía para orar todo lo relativo a esa verdad. Cada palabra nos llega al corazón y nos detenemos a orar y dar gracias sobre ella. *"Padre"*. *"Nuestro"*. *"Que estás en los cielos"*, etc. Primero reconocemos quién es Él, y luego seguimos dándole gloria y alabanza. Jesús quiso enseñarle a los discípulos los temas por los que deberían, orar y en qué orden. No era su intención que recitaran de memoria esta oración como una formula religiosa, como se hace en algunos medios religiosos hoy en día.

El Padrenuestro es una guía por tema, un bosquejo ordenado. Lo mejor que puede hacer una persona que recién comienza a dar sus primeros pasos en la oración, es empezar a orar con el Padrenuestro, palabra por palabra, y frase por frase. Experimentará cómo cada palabra le es revelada y sabrá qué y cómo orar. Irá abriendo gradualmente su corazón de una manera profunda. Sentirá el alivio espiritual en su alma. ¡Quedará impresionado de su maravillosa experiencia!

2. ¿Hay alguna posición física en especial a tener en cuenta?

De ninguna manera. La posición física siempre será indistinta siempre y cuando la persona tenga una actitud reverente en su corazón. La Biblia tiene abundantes ejemplos de gente que oraba en diferentes posiciones. Arrodillados, algunos postrados, otros de pie, y algunos simplemente inclinados. ¡Aún en el lecho afirma el salmista podemos buscar a Dios!

De manera que no hay una posición determinada que la Biblia nos enseñe como mandamiento para orar. Creo que precisamente nos da libertad, porque eso es lo que tenemos como hijos de Dios sellados por el Espíritu Santo. Claro que no debemos olvidar que muchas veces, según el clima interno de nuestra oración, sentiremos el suave impulso del Espíritu que nos llevará a humillarnos y buscarle de rodillas. Otras veces a sentirnos quebrantados y derramar abundantes lágrimas. Como seres emocionales debemos sentir libertad, y no avergonzarnos de expresar nuestras oraciones acompañadas con gestos físicos o emocionales.

También algunos pueden preguntarse, ¿y qué de los gestos? Pues no debemos hacer de ellos una doctrina. Aunque suene gracioso esto es así. Por ejemplo, mantener los ojos cerrados es importante, pero solo porque de esta manera salimos del mundo de los sentidos para enfocarnos en el mundo invisible. Y eso nos ayuda a mirar en nuestro interior donde habita el Espíritu Santo. De lo contrario estaremos distraídos por las cosas que nos rodean. Dios es espíritu. Orar es una actividad espiritual - un contacto con Dios mismo a través de la fe. Esta actitud nos traerá mucha bendición.

De la misma manera si unimos nuestras manos solo estamos simbolizando la absoluta dependencia de Dios. Pero las manos en sí mismas no tienen influencia ninguna sobre la oración. Estos son sólo dos ejemplos de que aunque los gestos son secundarios, sin embargo pueden ayudarnos mucho para orar más concentrados en la presencia de Dios.

B. La oración. El objeto hacia el cual es dirigida.

En las distintas civilizaciones que pueblan este planeta, hay miles de personas que dirigen sus oraciones y ruegos a estatuas, o sea, esculturas en forma de personas, animales y objetos de la naturaleza. También las dirigen en algunos casos a los ángeles y también a los muertos. Es el caso común de las oraciones hechas a "los santos" en el caso de naciones del mundo occidental denominadas "cristianas" por su tradición.

Sin embargo, y de manera muy notable, en las oraciones relatadas en las páginas de la Biblia, la persona siempre se dirige al Dios del cielo, el único reconocido como Dios verdadero. ¿Por qué no es así en nuestro mundo contemporáneo? Además, las oraciones del cristiano son dirigidas en el nombre de Jesús, pues como lo enseña San Pablo, solo por medio de Él podemos recibir alguna gracia. Por nosotros mismos no podemos recibir nada pues nos hemos vuelto sus enemigos a causa de nuestro pecado de rebeldía contra Él (Romanos 3:23). Lo maravilloso es que a Cristo, el Padre Dios no puede negarle nada que sea para alguno de los que creen en Él. La respuesta a la pregunta anterior es que no es posible orar al Dios verdadero si no lo conocemos y esto solo puede hacerse a través de Jesucristo.

D. La oración. Algunas premisas a tener en cuenta.

1. Debe ser hecha con sinceridad.

No es indicado ni de provecho hacer oraciones por mera costumbre u obligación religiosa y esperar que nos sean contestadas. La sinceridad es una actitud muy valiosa al presentarnos ante Dios, pues Él mira y conoce el corazón.

2. Debe ser hecha con una actitud de reverencia.

No debemos olvidar que al orar estamos hablando con Dios quien, además de ser el Creador de todas las cosas, también es Santo y Justo. Es el mismo de quien el Padrenuestro lo exalta diciendo: *"porque tuyo es el reino, el poder y la gloria"*. Todo es de Él. Todo le pertenece. Reverencia no es otra cosa que una actitud de respeto y honra que nace del amor que Dios nos ha mostrado a través de Jesucristo.

3. Debe ser hecha con una fe ardiente.

Esto es así, porque de nada vale pedir a Dios alguna cosa si no hay una absoluta confianza. Convicción de fe en que Él es poderoso para concedernos lo que le pedimos. Muchas oraciones no son efectivas porque no se hacen con esta clase de fe. Claro que, como seres humanos, somos débiles y no sabemos orar como conviene. Por ello se nos ha concedido la ayuda del Espíritu Santo quién nos guiará para hacerlo de la manera correcta. Siempre hay que pedir Su ayuda y dirección.

4. Debe hacerse siempre afirmados en las promesas de Dios.

¿Qué queremos decir con esto? Que es siempre mucho más efectivo el tiempo de oración si antes tomamos unos minutos para leer un pasaje de las Escrituras, o un versículo específico, donde haya una promesa para nosotros. La lectura y la meditación de esa palabra aumentará nuestra fe y entonces oraremos con mayor fervor y entusiasmo. Quedaremos sorprendidos de los buenos resultados. Estas son sólo algunas indicaciones básicas pero que pueden ayudar al cristiano sincero y fervoroso que anhela más la presencia de Dios. (Lea el Salmo 42).

E. Cuándo orar

¿Cuándo es el momento adecuado para orar? Es por cierto lo más normal que nos preguntemos cuando orar. En realidad, si aprendemos el principio comprenderemos que toda la vida del cristiano es una oración. Sí. Esto es lo que quiere decir Pablo cuando dice: "Orad sin cesar" (1 Tesalonicenses 5:17).

En nuestro día a día, nos encontramos ante la necesidad de orar toda la vida, dondequiera que uno esté. A veces se nos presentan muchas circunstancias especiales, o inusuales en las que debemos orar. Y también será bueno adquirir un momento fijo para orar. Es decir, apartar un tiempo durante el día en que podamos dedicarnos a leer, meditar y orar.

También podemos asistir a reuniones de oración en la iglesia, lo cual trae doble bendición porque compartimos con otros miembros del Cuerpo *"las cargas los unos de los otros"*.

También en la vida familiar. Por ejemplo en el momento de las comidas, al bendecir los alimentos también hacemos breves peticiones estando juntos. Pero además, de esto, cada cristiano debe tener un tiempo de intimidad a solas con Dios. Es lo que Jesús llamó, buscar el *"lugar secreto, y el Padre que ve en lo secreto te recompensará en público"* (Mateo 6:6). Simplemente porque tu tiempo íntimo con Dios determinará tu éxito, o tu fracaso, en tu vida pública y social.

F. Por quién orar

Surge otra pregunta: ¿a quiénes debo incluir en mis oraciones? Consideremos que no es nada fácil enumerar a todas las personas por quienes ha de orar un cristiano comprometido con su Señor. Cada día se pueden mencionar algunos según las prioridades que conocemos. Debemos orar por toda clase de gente, también por nosotros y los integrantes de nuestra familia, entregando cada día a Dios y rogándole que Él tome el control sobre nosotros, dándonos sabiduría e inteligencia para vivir en Su voluntad, ya que así seremos prosperados en todo lo que hagamos (Salmo1:1-3).

Otros motivos de oración, según las Escrituras, es que debemos orar por los hombres en puestos de responsabilidad en el gobierno. También debemos recordar a los misioneros y pastores que predican a Jesucristo en diferentes partes del mundo, algunos arriesgando sus propias vidas. Los hermanos en la fe, la iglesia y también por los enemigos. Todo esto nos es enseñado relativo a la oración en la Biblia. Dios sólo prohíbe orar por los muertos, y por los que han cometido el pecado imperdonable. Sin embargo nunca olvidemos que jamás estará de más una oración por otros, sean quienes sean.

En conclusión, la vida de oración es tan natural para el cristiano como la respiración. Sin aire no podemos vivir. Así lo mismo, el hombre espiritual sin la oración. Podemos orar mientras caminamos o realizamos alguna labor, orar alabanzas al levantarnos cada mañana, en la mesa familiar, mientras realizamos nuestro trabajo, en el parque, en la montaña, y ¡aún en la ducha! La oración es una actitud de vida de alguien que vive una comunión profunda con el Padre. Cuando es así, oramos aún por las cosas más pequeñas y cotidianas, como por las más grandes necesidades o negocios.

La oración es la conciencia de Su presencia en cualquier momento. No hace falta encerrarse como un ermitaño separado del resto del mundo. Precisamente, este mundo en tinieblas necesita cristianos que oran en medio de sus actividades cotidianas, y que así lo alumbren como pequeñas antorchas y que traigan el reino de Dios a la tierra. No olvidemos, entonces, que la oración tiene dos aspectos fundamentales. La oración secreta y la oración pública. La primera nos da poder para la segunda. Y esta nos permite vivir en el espíritu en medio de un mundo incrédulo y materialista.

Tarea para crecimiento personal:

1- ¿Por qué cree usted que es importante la oración?
2- ¿Qué importancia tienen los gestos al orar?

3- ¿A quién deben dirigirse las oraciones?
4- ¿Cuál es la mejor hora para orar?
5- ¿Por qué es tan importante la oración secreta?

XIX

LA COMUNIDAD DE LA IGLESIA
EN LA TIERRA

Hasta aquí hemos venido desarrollando progresivamente la revelación y obra de Dios el Padre, la trascendental obra redentora de Cristo y la presencia del Espíritu Santo como el poder de la iglesia militante.

También hemos, de alguna manera, enfatizado los rasgos de carácter de un hombre, que dejando su vida de pecado, ha nacido de nuevo y lo que sucede a partir de ese momento. Así podemos continuar haciéndonos algunas preguntas como por ejemplo: ¿Qué clase de religión es la de un hombre que ahora ha pasado por la conversión? ¿Cuáles son los puntos en los que su vida cambia más llamativamente? ¿O esto es sólo una experiencia interna y nada más?

Llegados a este punto debemos entender que una de las cosas más importantes para el cristiano es la iglesia. Porque es allí donde se encuentran y tienen comunión todos los cristianos.

Además, en la iglesia el discípulo recibe formación espiritual. La enseñanza necesaria para formar su visión y propósito en esta vida a la luz de los valores eternos. Así que es importante que ahora hablemos relativo a lo que es la iglesia, a quién le pertenece, sus nombres, su función etc. Comencemos entonces.

A. ¿Qué es la iglesia?

La iglesia no es de ninguna manera la invención de los hombres, sino una institución o comunidad que el mismo Señor Jesucristo ha creado para Sus propósitos. Desde la eternidad la iglesia nace en el corazón de Dios. Es Su idea y Él la ha diseñado conforme a Su corazón.

En la historia humana muchas organizaciones han creado iglesias. Estas son planeadas y creadas por los hombres. No son por lo tanto, en el sentido bíblico, iglesias. La Biblia enseña y presenta suficientes evidencias para demostrar que la iglesia verdadera sólo le pertenece a Dios. Vayamos por parte.

1. Acerca de los nombres de la iglesia.

a. Iglesia. (Eklessia en griego), significa "apartados" o "separados". Se refiere a lo que enseña Pablo cuando dice: *"Él nos libró del dominio de la oscuridad y nos trasladó al reino de su amado Hijo, en quien tenemos redención, el perdón de pecados"* (Colosenses 1:13,14). Es decir, se refiere a quienes Dios ha sacado del mundo y ha santificado para formar Su iglesia.

b. La iglesia es el Cuerpo de Cristo.

"Él es la cabeza del cuerpo, que es la iglesia. Él es el principio, el primogénito de la resurrección, para ser en todo el primero" (Colosenses 1:18. NVI).

Este grupo de personas "apartado" por el Señor son los miembros que constituyen el Cuerpo de Cristo de quien Él es la cabeza. Si la iglesia es el Cuerpo de Cristo entonces le pertenece a Dios, porque Cristo es Dios.

c. La iglesia es la columna y fundamento de la verdad.

Es así como la describe Pablo: *"... si me retraso, sepas cómo hay que portarse en la casa de Dios, que es la iglesia del Dios viviente, columna y fundamento de la verdad"* (1 Timoteo 3:15).

Se refiere a la iglesia como depositaria de la verdad de Dios. Es tarea de la iglesia conservar esa verdad, defenderla y propagarla.

d. Es la iglesia del Dios viviente.

Esta designación es expresada también en el texto bíblico anterior y es suficientemente clara en cuanto a su aplicación.

2. Referencias bíblicas acerca de la iglesia.

El mismo Señor Jesucristo se refiere a ella cuando dice: *"Yo te digo que tú eres Pedro, y sobre esta piedra edificaré mi iglesia, y las puertas del reino de la muerte no prevalecerán contra ella"* Mateo 16:18 (vea también 18:17). Refiriéndose en las Escrituras original a Sí mismo cuando dice *"esta piedra"*. Clara alusión a Sí mismo como la Roca eterna de los siglos. Jamás un hombre mortal podría ser la cabeza de una iglesia viviente.

También es notable cómo en el Nuevo Testamento los escritores de muchas epístolas hablan de los destinatarios como la iglesia. Citamos solo un ejemplo. *"A la iglesia de Dios que está en Corinto, a los que han sido santificados en Cristo Jesús y llamados a ser su santo pueblo..."* (1 Corintios 1:2. NVI).

En sus cartas, Pablo menciona repetidamente a la iglesia. Otro ejemplo. *"Dios sometió todas las cosas al dominio de Cristo, y lo dio como cabeza de todo a la iglesia. Ésta, que es su cuerpo, es la plenitud de aquel que lo llena todo por completo"* (Efesios 1:22,23 NVI).

B. La iglesia. Algunas de sus cualidades importantes.

1. Su característica es la unidad.

Es cierto que cuando miramos el panorama cristiano desde una perspectiva general no parece ser de esta manera. Nos sucede que al ver tantas denominaciones y sectas no parecería que la iglesia tenga como uno de sus atributos precisamente la unidad.

Sin embargo, esto es así a pesar de sus detractores. Y esto es una realidad porque la unidad no es algo externo propio de la organización misma. Es mucho más trascendente. Es una unidad de espíritu, de principios, de origen y de propósito. Una sola es la cabeza de la iglesia, a saber Cristo. También es uno solo y el mismo Espíritu Santo que la gobierna. Profesa una sola fe: la fe en el evangelio de Cristo. Tiene un mismo amor: el amor del Padre Dios. Y también una sola esperanza: la vida eterna. Así lo expresa San Pablo:

"Un cuerpo, y un Espíritu, como fuisteis también llamados en una misma esperanza de vuestra vocación; un Señor, una fe, un bautismo,
un Dios y Padre de todos, el cual es sobre todos, y por todos, y en todos" (Efesios 4:4-6).

2. Su característica es la santidad.

Esto como bien podemos entender, no se debe en manera alguna, porque los miembros que la componen sean santos a la perfección. No se refiere a la cualidad humana de santificación sino de la posición que el creyente ha adquirido por la fe en la obra redentora de Cristo. Lo que queremos establecer es que así como Cristo es la cabeza de la iglesia, y Él es santo, todos los miembros verdaderos del cuerpo han recibido en ellos ese germen de la santidad. Además, no olvidemos según lo visto en cuanto al término iglesia. El cuerpo de Cristo es santo porque es una institución separada del mundo que es pecador. *"En esa voluntad somos santificados mediante la ofrenda del cuerpo de Jesucristo hecha una vez para siempre"* (He. 10:10).

3. Su característica es la universalidad.

Esto se debe a que la iglesia de Jesucristo abarca creyentes de todas las naciones del mundo. Ella no hace distinción de razas, etnias, grupos tribales o naciones. Su alcance es a todos los niveles sociales de la raza humana. A todos los lava y santifica la sangre redentora de Cristo sin excepción de personas. Su cualidad de universal le pertenece pues ha existido en todos los periodos de la historia. Sus expresiones locales en cada pueblo, nación o barrio son solo células de un mismo cuerpo.

C. Las marcas que distinguen a la iglesia de Cristo.

Siempre en medio de las polémicas acerca de la fe suele surgir esta pregunta. ¿Cómo puede saberse si una iglesia es o no verdadera? Nos ayudará a encontrar la respuesta correcta si nos enfocamos en las actividades concretas que realiza.

1- Su enseñanza y predicación están basadas en la Biblia como Palabra de Dios.

Cualquier iglesia que predica doctrina o enseñanza fuera de la Palabra de Dios como autoridad principal, no tiene en ningún caso la marca o señal para ser reconocida como iglesia verdadera.

2- En su ministerio a los miembros es sabia en la administración de los sacramentos.

Entendiendo este concepto como la declaración de fe de los miembros que les da derecho a recibirlos. En una iglesia sana no se tomará a la ligera hacer bautismos sin convicción de un arrepentimiento verdadero, o participar de la Santa Cena simplemente a la ligera sin la enseñanza correcta - estos para citar dos ejemplos solamente. La fe en Cristo en los miembros de la iglesia no debe ser una mera costumbre religiosa superficial. Ellos deben ser ejemplos tanto fuera como dentro de su templo, para que los incrédulos vean una diferencia y crean en la fe que salva.

3- También ejercerá un sano ejercicio de la disciplina en el seno eclesial.

Teniendo siempre como signo vital el amor que restaura la consejería pastoral, debe aconsejar, corregir y guiar a sus miembros con una buena enseñanza basada en la Palabra de Dios. En casos extremos se debe ser firme como nos muestra el Nuevo Testamento para amonestar o expulsar de la congregación a aquellos que no obedecen la voz de Cristo, y dañan a los integrantes de la comunidad cristiana (Tito 3:10,11). La iglesia verdadera no puede permitir que los desobedientes permanezcan en su seno.

4- La evangelización de los perdidos es uno de sus pilares principales.

Lo fue para Cristo su fundador y Señor y debe serlo también para nosotros sus seguidores. Toda iglesia tiene el mandamiento inexcusable del mismo Señor Jesucristo: *"Por tanto, Id, y haced discípulos a todas las naciones..."* (Mateo 28:19). La obediencia a la gran comisión es la que da razón de ser y existir a la iglesia. ¿Qué clase de iglesia puede ser aquella que no exprese el corazón de su Señor en compasión y amor por los perdidos? Desgraciadamente y con tristeza vemos en estos últimos tiempos, como muchas iglesias locales pierden la visión misionera y se van convirtiendo cada vez más en un club social para el buen pasar de sus miembros. ¡Despiértanos Señor!

D. ¿Quiénes pertenecen a la verdadera iglesia de Cristo?

Si hemos dejado claro cuál es la verdadera iglesia de Cristo, entonces surge inexorablemente esta pregunta tan importante. Ya hemos visto que no cualquier institución por llamarse "iglesia cristiana" quiere decir que pertenezca o represente a la verdadera iglesia de Cristo. Para pertenecer a ella debe la persona haber pasado por la siguiente experiencia:

1- Reconocer a Jesucristo como Señor y Salvador de su vida. Es decir que como consecuencia habrá "nacido de nuevo". Esta experiencia espiritual es una señal irrefutable. La segunda es el efecto directo de haber decidido lo primero. Solamente para estas personas instituyó Dios a Su iglesia, y solamente para ellos. ¿Ha nacido realmente usted de nuevo apreciado lector? Si no está seguro coméntelo con un consejero de la iglesia. Él le ayudará. Esta convicción está directamente ligada con la salvación eterna de su alma.

2- Pertenecen a la verdadera iglesia quienes manifiestan estar convertidos y lo demuestran por los frutos del Espíritu Santo en su carácter.

El hecho de que una persona diga que ha creído en Cristo no es suficiente. Debería demostrarlo con un cambio significativo en su vida.

E. ¿Quién gobierna la marcha de la iglesia?

Como cabeza de la iglesia y jefe supremo y exclusivo, es el mismo Señor Jesucristo quien la gobierna por medio del Espíritu Santo que Él envía donde sea necesario además de las Sagradas Escrituras que Él inspiró y dejo para ese fin con todas las instrucciones necesarias.

Por otra parte, el mismo Señor designó a hombres escogidos de antemano, para ayudar en esa tarea de dirigir la marcha de la iglesia militante aquí en la tierra. Como nos enseña el apóstol Pablo en Efesios 4: 11,12, que fueron instituidos con el fin de que enseñen, gobiernen y ayuden en la capacitación del cuerpo de Cristo.

Tarea para crecimiento personal:

1- ¿Cuál es el significado del término "iglesia"?
2- ¿Por qué es tan importante la comunidad eclesial para el cristiano?
3- Describa los nombres que el Nuevo Testamento da a la iglesia.
4- ¿Qué significa la unidad de la iglesia?
5- ¿Cuáles son las marcas que distinguen a la iglesia de Cristo?

XX

LA IMPORTANCIA DEL BAUTISMO

Ya hemos visto en el capítulo anterior acerca de cuán importante llega a ser la vida comunitaria del creyente en la iglesia. Es dentro de ella donde el nuevo converso debe recibir el sacramento del bautismo. El término sacramento lo usamos en el sentido del mandamiento del mismo Señor.

Es importante aclarar qué es un sacramento. Mirando varios diccionarios el concepto quedaría más o menos así: "es el signo sensible de un efecto interior y espiritual que Dios obra en nuestras almas". Debemos entonces tener en cuenta dos cosas: algo interior, y algo que se ve o se siente.

El término "sacramento" no aparece en la Biblia ya que su uso se debe a razones históricas. Por ejemplo, en la antigüedad se llamaba "sacramento" al juramento de obediencia que un soldado prestaba a su comandante. También en una traducción de la Biblia donde por única vez la palabra "misterio" se tradujo como "sacramento". Luego comenzó a usarse la palabra para designar los dos ritos o ceremonias que Cristo instituyó para su iglesia. El segundo es la Santa Cena. Estos sacramentos son como una especie de juramento de obediencia y tienen también algo de misterioso por la gran verdad que expresan, en el sentido de que nunca entenderemos con suficiente profundidad la gran verdad que encierran. Ni el gran poder que de ellos se recibe.

Podemos intentar resumir su significado, diciendo que un sacramento es un mandamiento específico de nuestro Señor Jesucristo, en el cual por medio de símbolos físicos se representa y sella la obra de Dios en el creyente, y éste a su vez expresa fe y obediencia a Dios.

A. ¿Qué es el bautismo?

1- Es un claro mandamiento de nuestro Señor Jesucristo para todos aquellos que deciden creer en Él y seguirlo como su Señor y Salvador. Quizás por eso el cristianismo denominacional le llama sacramento pues fue instituido por el mismo Señor Jesucristo. Eso sucedió previamente a que el Señor ascendiera al cielo. Jesús les dijo: *"Por tanto id y haced discípulos a todas las naciones, bautizándolos en el nombre del Padre, del Hijo y del Espíritu Santo".*

2- Es también, desde un punto de vista comparativo, una continuación del mandamiento de la circuncisión en el Antiguo Testamento. Podemos ver que en Israel todos eran circuncidados como señal de consagración para poder pertenecer al pueblo de Dios. Con la venida de Cristo y su sacrificio redentor en el Nuevo Testamento se nos enseña que la circuncisión desaparece, y se instituye en su lugar el bautismo para los nuevos convertidos.

3- En un sentido metafórico es también un símbolo. Debemos considerar la verdad de que el bautismo por sí solo, nada puede hacer. Lo importante es que simboliza o representa algo trascendental. Nada menos que la decisión de una persona de cambiar de reino, de las tinieblas a la luz. No es como muchos creen un requisito para entrar al cielo. Solo la fe en Cristo puede salvar. El bautismo también simboliza el lavamiento de los pecados y la santificación del creyente.

B. ¿Quiénes pueden bautizarse?

Como habremos observado detenidamente en el versículo leído, esto es un privilegio que solo pueden recibir los que han creído. Y esto es así pues Cristo lo ordena. Teniendo también en cuenta que debe ser una persona capaz de decidir por sí misma. El Señor está dando las indicaciones para personas adultas que se arrepentirían, y recibirían el bautismo como el símbolo del lavamiento de sus pecados. Cuando se trata de niños es muy importante hacer una buena consejería pues deben estar en condiciones de explicar que entienden lo que hacen y que sus padres den la autorización necesaria.

Por supuesto que no consideramos aquí el bautismo de recién nacidos pues esa no es una enseñanza de la Palabra de Dios. Es en todo caso una tradición adquirida de los pueblos paganos que ofrecían con diferentes ritos sus bebés a sus dioses. El bautismo bíblico es siempre dirigido a personas que pueden discernir entre lo bueno y lo malo. ¿De qué podría arrepentirse un bebé o como lo haría? Por ello el bautismo bíblico y cristiano está siempre dirigido a personas que han escuchado el mensaje de Dios y como consecuencia se arrepienten y se bautizan.

C. ¿Qué es lo que demanda el bautismo?

Es importante aquí reflexionar sobre esta pregunta y enseñarle claramente al nuevo discípulo lo que lleva implícito este paso. No es nada complicado enseñarlo pues podemos observar en el Nuevo Testamento que los recién convertidos se bautizaban el mismo día que creían. Debe quedar claro entonces para el nuevo discípulo que al recibir el bautismo está confesando su fe en Cristo y declarándose su seguidor. ¿Qué implica esto? El compromiso de seguir a Jesús y obedecerle, puesto que ésta es la verdadera prueba de fe del amor de un cristiano a su Señor: obediencia a Su Palabra.

Tarea para crecimiento personal:

1- ¿Quién instituyó el bautismo?
2- ¿Es indispensable el bautismo para salvarse?
3- ¿Qué simboliza el bautismo?
4- ¿Quiénes pueden bautizarse?
5- ¿Qué demanda involucra el bautizarse?

XXI

LA CENA DEL SEÑOR

Dejamos establecido en el capítulo anterior que la Cena del Señor es considerada el segundo gran sacramento. Esto es así porque sólo dos, el bautismo y la cena, instituyó Cristo específicamente relacionados con la experiencia cristiana. Si quisiéramos agregar más sacramentos estaríamos en un error, pues en ese caso estaríamos aceptando como tales simples mandamientos de hombres. Así que luego de haber considerado el bautismo continuamos ahora con la cena del Señor.

A. Su relación con la Pascua hebrea.

Como podemos apreciar en la lectura del éxodo en el Antiguo Testamento, ya había una celebración similar. Ambas están relacionadas pues la primera es figura de la obra redentora de Cristo. La cena del Señor toma su lugar para los que han creído en el Mesías como Señor. En el pueblo de Israel se llamaba "la fiesta de la Pascua". Ellos hacían memoria de la gran liberación de su esclavitud en Egipto. Dios los libero con grandes milagros y señales castigando a los egipcios que los tenían oprimidos. En ese relato es notable lo que sucede la última noche previa a la liberación. El ángel de Dios llegó a matar a todos los primogénitos. Sin embargo, donde el ángel encontraba la sangre de un cordero pintada en la puerta, no se detenía y pasaba de largo. De esa manera se salvaron los israelitas por la sangre del cordero que habían previamente sacrificado. Para recordar esa noche liberadora los judíos celebran la pascua cada año.

Los evangelios dejan establecido que al venir Jesús Él es el Cordero de Dios, a través de cuya sangre derramada salva a Su pueblo. De esa manera la Pascua fue cambiada y Cristo mismo instituyó la Santa Cena para los que creyeran en Él.

B. ¿Que simboliza para el cristiano la Cena del Señor?

1. Simboliza la muerte de Cristo.

El pan que se utiliza en esta celebración representa físicamente ante nuestros ojos el cuerpo de Cristo entregado y sacrificado a favor de nuestra salvación y redención.

2. Simboliza también el derramamiento de la sangre de Cristo.

Afirma la Biblia que sin derramamiento de sangre no hay remisión de pecado. Por ello Jesús, el Cordero sin mancha, derramó Su sangre y con ella lavó los pecados de los que creen en Él. El vino ofrecido a cada participante en la Cena del Señor representa esa sangre preciosa e inigualable que tiene poder de santificar al pecador.

3. Simboliza la salvación en Cristo, es decir, la liberación del yugo del pecado.

¿Por qué es tan importante participar de la Cena del Señor? Además, de ser un privilegio para el creyente hay una gran bendición espiritual al participar de la misma. Sucede que al comer del pan y al beber del vino esto simboliza la salvación del que ha creído. El hecho de obedecer y participar de ella no es sólo lo físico, lo que se ve. Es lo espiritual que encierra este acto lo que desata un poder nuevo y renovador para el cristiano. Toda persona que decide aceptar a Jesús como su Salvador debe creer y reconocer que Él murió por sus pecados. Y esa fe el hombre la expresa comiendo el pan y bebiendo el vino, lo que renueva y la desarrolla haciéndola cada vez más madura y más fuerte.

4. Simboliza también la unión de los que creen en Cristo.

Esto quiere decir que así como todos comen de un mismo pan y todos beben del mismo vino, así todos los creyentes expresan su unidad en Cristo Jesús.

C. ¿Para quiénes es este privilegio de la Cena del Señor?

Analizamos anteriormente que el bautismo es para todos los que han creído. Teniendo en cuenta que la edad sólo la puede determinar el Espíritu Santo pues toda persona que se arrepiente es porque está en condiciones de reconocer inteligentemente lo que es bueno y lo que es malo.

Lo mismo podemos decir en cuanto al sacramento de la Cena del Señor que es una continuación del anterior. Sólo quienes se han arrepentido y reconocido sus errores pueden decir que la muerte de Cristo tiene el valor que realmente posee. Así podemos concluir que:

1- La Santa Cena es para todos los que realmente creen en Cristo como su Salvador. Es decir, para los que están seguros, por la convicción del Espíritu Santo, que esa muerte fue motivada por ellos.

2- Según la Palabra de Dios para quienes se han examinado debidamente. De una manera muy clara el apóstol Pablo aconseja a los creyentes que se examinen para ver si deben participar de la Cena del Señor (1 Corintios 11:28-32). Es muy triste ver gente participar de este sacramento, sin saber si creen realmente en Cristo o no. Hay que examinarse porque es la Cena del Señor de la que se participa y al hacerlo participamos de la misma vida de Cristo.

Esto no debe crear fantasmas de culpa y condenación. La Biblia nos afirma que ya no somos esclavos sino hijos. Podemos arrepentirnos de corazón y saber que si somos sinceros Él está dispuesto a perdonarnos. Examinarnos significa reconocer nuestro pecado, pedir perdón y continuar en obediencia el camino al que hemos sido llamados. Dios nunca deja de amarnos. Él solo quiere que nos examinemos para arrepentirnos. La Cena del Señor fortalece nuestra comunión con nuestro Padre y nos ayuda a mantenernos en limpieza y consagración.

3- Este privilegio de la mesa del Señor es para los que le obedecen.

Debemos tener presente que es el Señor mismo el que ordenó a los discípulos celebrar la Santa Cena cuando dijo: *"haced esto en memoria de mi"*. Así que el que obedece este mandamiento participa de la cena con gozo y alegría por tan alto privilegio.

4- El mandamiento alcanza a los creyentes de todas los tiempos.

Jesús enseñó que debía celebrarse siempre hasta que el viniese. Así también lo expresa el Apóstol Pablo: *"la muerte del Señor anunciáis hasta que El venga"* - sin duda refiriéndose a Su segunda venida a buscar a Su iglesia. A través de los siglos la Cena del Señor se ha venido celebrando y continuará hasta el final de los tiempos. Como una clara señal de que la misericordia del Señor se ha extendido otro día más para el pecador.

Tarea para crecimiento personal:
1. ¿Quiénes celebraban la fiesta de la Pascua?
2. ¿Qué representa el pan en la Cena del Señor? Explique.
3. ¿Qué nos enseña lo que representa el vino?

XXII

ACERCA DE LA SEGUNDA VENIDA
DE JESÚS

Generalmente la sociedad occidental que se denomina 'cristiana' festeja cada año la navidad. Celebramos la llegada de Cristo a este mundo. Dios toma forma humana en el vientre de una mujer y se presenta en medio de Sus criaturas. Esta llegada fue un suceso histórico de extraordinaria importancia para el mundo entero. Su impacto redentor no tiene precedentes.

De lo que no se habla más seguido, y que debería hacerse, es de la gran verdad de que después de algunos años de ministerio en medio de la gente, Cristo regresó al cielo de donde había venido. Fue en ese mismo momento de la ascensión a los cielos y mientras sus discípulos miraban atónitos mientras el Señor iba desapareciendo de su vista que dos ángeles aparecieron delante de ellos para decirles: *"Este mismo Jesús que ha sido tomado de vosotros arriba en el cielo, así vendrá como le habéis visto ir al cielo"* (Hechos 1:11) dejando claramente establecido que Jesús vendrá otra vez. Al recorrer las páginas inspiradas de la Biblia encontramos muchos detalles sobre esa segunda venida de Cristo tan llena de esperanza para la iglesia militante, que veremos a continuación:

A. ¿En qué diferencia la segunda venida de la primera?

1. Su segunda venida será una manifestación de gloria sin precedentes.

Al leer los evangelios nos encontramos con una tierna imagen de Su primera venida, lo hizo como un dulce niño, nació en un humilde pesebre, nadie lo recibió con honores ni celebraciones.

Pero Su segunda venida presentará rasgos de una gloria indescriptible. El Señor vendrá como el Rey de los reyes y el Señor de los señores, seguido por una corte innumerables de ángeles y ante la vista asombrada y temerosa de todos los seres humanos. Los cristianos que estén vivos en ese momento será un motivo de gozo indecible, pero para los incrédulos el miedo y el pavor le precederán. Esta descripción podemos leerla en el capítulo uno de Apocalipsis.

2. En Su segunda venida Jesucristo vendrá con poder y carácter de Juez.

Destaquemos entonces que en Su primera venida Jesús vino a salvar pecadores perdidos; la segunda vendrá a juzgar a cuantos ha vivido en el mundo, de acuerdo con sus obras.

B. ¿Cómo será la segunda venida?

Esta pregunta reviste una gran importancia pues el Nuevo Testamento señala que los verdaderos creyentes sabrán reconocer las señales de los tiempos. Y en especial - ante tantos engañadores que surgirán en los años previos - cuando tenga lugar, sorpresivamente, la venida del Señor para hacer justicia a Su pueblo. Vale recalcar aquí la importancia de que el cristiano debe ser alguien consagrado al estudio de las Escrituras, precisamente para no ser engañado por falsos maestros. Veamos entonces las siguientes características de Su venida:

1. La segunda venida tiene como centro sólo a una persona: Cristo.

Con esto queremos afirmar que será una venida personal. Esto en desmedro de falsas enseñanzas que se atreven a decir que no es Cristo el que vendrá, sino el espíritu de Cristo - sus enseñanzas e ideas - las que volverán al mundo. Sin embargo la Biblia afirma categóricamente que Cristo personalmente ha de venir por segunda vez. (Puede leer Hechos 1:11).

2. La segunda venida será visible a todo el mundo.

Parece exagerado. Pero con todos los adelantos tecnológicos en la comunicación ahora es muy factible ver en segundos un acontecimiento que está sucediendo al otro lado del mundo. Por otra parte algunos enseñan erróneamente, que Cristo ya volvió y que está ahora en el aire. Claro que no es eso lo que enseñan las Escrituras. Cuando Jesús venga otra vez *"todo ojo le verá"* afirma el apóstol Juan en Apocalipsis. No será una llegada invisible sino que todos los hombres podrán comprobar con sus propios ojos la llegada triunfal de Cristo a la tierra para reinar sobre las naciones.

3. La segunda venida será una llegada repentina.

En realidad si recorremos las Escrituras, ellas afirman que habrá muchas señales que indicarán la proximidad de la segunda venida; pero también dice la Biblia que Él vendrá como *"ladrón en la noche"*... parece a todas luces una contradicción... pero no. Es que antes de la segunda venida se produce lo que se denomina el Rapto de la iglesia. En otras palabras primero

Cristo viene de forma invisible <u>por Su iglesia</u> y luego regresa en <u>Su segunda venida visible con Su iglesia</u>, para reinar en la tierra por mil años. Bueno ese es el orden, pero el estudiante puede profundizarlo en un estudio aparte de la Biblia si así lo desea.

Pero lo cierto es que en ambos casos, cuanto menos le espera el mundo entonces llegará sorpresivamente el Señor.

C. Las señales mundiales que precederán la segunda venida.

1. El evangelio será predicado a todas las naciones.

Quizás esto no quiere decir que todos los seres humanos oirán el evangelio, sino que esas buenas nuevas de salvación han de cruzar las fronteras de todas las naciones - requisito para que su venida sea concretada.

2. La conversión de los judíos.

También da a entender la Biblia de que antes que venga el Señor, gran número de judíos se arrepentirán y se entregarán de corazón al Cristo que por cientos de años han negado.

3. La manifestación del anti-cristo.

Según la enseñanza del Nuevo Testamento el anti-cristo ya existía en los días de la Biblia y existe también en nuestro tiempo. Se trata de hombres y sistemas anti-cristianos gobernados por Satanás. Lo interesante aquí es que, previo a la venida del Señor en gloria, ha de aparecer un anti-cristo personal que liderará todas las fuerzas del mal contra la iglesia de Cristo.

4. Un gran despliegue de señales y milagros.

La Biblia habla repetidamente de señales portentosas que indicarán la venida de Cristo. Y las describe como guerras, rumores de guerras, hambre y miseria, tribulación y persecución, falsos profetas y milagros en los astros del cielo, han de sucederse rápidamente al aproximarse la segunda venida de Cristo en su gloria.

D. Finalmente veamos el propósito de la segunda venida.

Esta tendrá lugar en los planes perfectos de Dios para:

1- Completar la obra de la iglesia.

Desde que Jesús ascendió al cielo la iglesia ha tenido el mandato de predicar el evangelio a todas las naciones. Esa es la tarea en la que debe ocuparse todo cristiano - la salvación de las almas perdidas. Y luego Jesús vendrá para completar la obra de Su iglesia.

2- Para juzgar y condenar a los incrédulos que serán echados en el lago de fuego

3- Para premiar definitivamente y eternamente a Sus seguidores con la bendición de la vida eterna.

4- Para gobernar por mil años con la iglesia en la tierra teniendo Su trono en el monte de Sión, y posteriormente renovar y reemplazar el mundo con un cielo nuevo y una tierra nueva en el que Dios será todo en todos.

Tarea para crecimiento personal:

1- ¿Cómo sabemos que Cristo vendrá otra vez?

2- ¿Qué diferencia hay entre la primera y la segunda venida de Cristo?

3- ¿Quiénes acompañarán a Jesús en su segunda venida?

4- ¿Qué o quién es el anti-cristo? Explique.

5- Describa algunas señales que indican la llegada de Jesús.

XXIII
LA RESURRECCIÓN
DE LOS MUERTOS

Una de las verdades sobresalientes del cristianismo, y que lo diferencia de otras religiones, es precisamente esta - la realidad de la resurrección de los muertos. Cuando estudiamos aquí acerca de la resurrección de Jesucristo dejamos establecido que hay una relación que nos deja entrever lo que la Biblia dice que será nuestra resurrección. Es importante considerar entonces este suceso tan grande en la vida de la humanidad. Especialmente porque en nuestro tiempo el escepticismo y la incredulidad no quieren reconocer los hechos trascendentales que la Biblia afirma como ciertos y que el mismo Señor Jesucristo lo demostrara resucitando Él mismo de entre los muertos. Consideremos entonces gradualmente algunos temas previos que nos ayudarán a entenderlo.

A. ¿Podemos definir lo que es la muerte?

La muerte puede definirse únicamente por lo que hace. Cuando algo vivo muere, básicamente, es porque sus signos vitales han dejado de funcionar. Por lo tanto, sus acciones, movimientos, crecimiento, han cesado. La muerte no se puede definir simplemente porque no se sabe lo que la vida misma es. Es algo fuera del poder humano. Como es obvio el hombre no puede inventarla ni producirla. Así solo podemos observar que lo que es muerte es muerte, y lo que es vida es vida. Cuando cesa el ciclo de la vida llega entonces la muerte.

Por ejemplo, en nuestros días es muy grato ver el avance en la medicina y esto es muy bueno. Pero un médico con todo su conocimiento científico no puede retener la vida de alguien. Sólo la extenderá quizás con un tratamiento y medicinas, pero no está en sus manos el dar la vida o retenerla según su propio deseo. En esto es evidente la soberanía de Dios sobre el tiempo de vida de cada ser humano.

También nos enseña la Biblia que el hombre al ser creado a imagen de Dios ha recibido el espíritu de vida. Por ello la muerte no es otra cosa que el momento cuando el espíritu del hombre abandona el cuerpo.

Veamos un texto que nos ayudará a comprenderlo mejor: *"... y el polvo vuelva a la tierra, como era, y el espíritu vuelva a Dios que lo dio"* (Eclesiastés 12:7). El cuerpo que fue tomado del polvo, vuelve al polvo; el espíritu lo abandona - eso es la muerte.

1. Acerca de la causa de la muerte.

A nadie le gusta detenerse sobre la muerte. No es un tema favorito. Todo queremos vivir y hacerlo - tal vez inconscientemente - como si la muerte no existiera. Quizás porque en el principio la misma no existía y en la trama del hombre solo había vida. De acuerdo con la enseñanza de la

Biblia, la causa de la muerte es el pecado. El relato nos afirma que cuando Dios creó a Adán y Eva y los puso en el paraíso, les advirtió que si comían del árbol prohibido ellos morirían, es decir que conocerían la muerte. Vemos con tristeza que la realidad es muy clara. Si ellos no hubieran desobedecido y comido el fruto, la muerte jamás habría entrado en el ser humano ni en su mundo. Pero eso fue lo que sucedió y así pecaron y así entró la muerte.

B. Sobre el denominado estado intermedio.

Así llaman los estudiosos de la Biblia al período entre la muerte y la resurrección. Una pregunta que seguro escuchamos muy frecuentemente es: ¿Dónde está el alma después de la muerte? Claro, todos sabemos dónde está el cuerpo, pero muchas son las preguntas sobre el alma.

También hay enseñanzas erróneas como la que afirma que la muerte elimina el alma y que allí acaba todo. Otros creen que el alma entra en un período de sueño en algún lugar invisible hasta el día de la resurrección. Las Escrituras nos proporcionan abundante información sobre este tema. En primer lugar afirma que el alma es inmortal y que por ello no puede desaparecer. En segundo lugar enseña que las almas están ansiosas esperando ver el día de la resurrección - esto nos confirma que no están dormidos esperando sino con todos sus sentidos almáticos en funcionamiento. También la Biblia deja bien claro los dos siguientes puntos:

1- Que las almas de los creyentes son llevadas al cielo después de la muerte. Jesús lo enseña claramente en una de sus parábolas. (Lea Lucas 16:22-24).

2- Las almas de los incrédulos y perdidos son llevadas al infierno. Tal es el destino de los que no creen en Jesucristo como el Hijo de Dios y Redentor, y que por lo tanto están todavía en sus pecados cuando les llega el momento de su muerte. (Vea Lucas 16:23).

3. En la resurrección se justos levantarán e injustos.

La enseñanza bíblica es clara a este respecto de que ese día todos los seres humanos que han vivido en el mundo resucitarán. No tiene importancia dónde hayan vivido o donde hayan sido sepultados - como algunos quieren confundir - todos resucitarán por el poder de Dios. ¿Puede haber algo difícil para el Todopoderoso Dios? Su gran poder escapa al conocimiento humano. Por eso es Dios.

C. La resurrección. Sus características.

1. Es enseñada en la Biblia.

El evangelista Mateo en su relato nos enseña como Jesús mismo habló de la resurrección como una realidad muy natural (Mateo 22:31,32). El apóstol Pablo dice que si los muertos no resucitan entonces tampoco Cristo resucitó - en ese caso el evangelio sería falso (1 Corintios 15:13). Esto nos demuestra que la resurrección es una enseñanza central e importante en las enseñanzas de la Biblia y por lo tanto fundamental para la fe cristiana.

Las Escrituras abundan en detalles acerca de la resurrección de los muertos. Por ser esta una obra sencilla no podemos ahondar más en este tema tan apasionante. Lea por su cuenta detenidamente, 1 Corintios capítulo quince...se puede decir que habla de un hecho sobrenatural que sucederá con nuestro cuerpo mortal. Algo así como la metamorfosis de la simple oruga que levanta vuelo con alas de mariposa hacia la libertad de un mundo sin limitaciones. De una cosa no puede haber dudas y es que todos resucitaremos algún día.

2. La Biblia afirma que es una resurrección corporal.

Esto quiere decir que es el cuerpo físico el que va a resucitar. Del polvo se levantarán los cuerpos depositados en sus tumbas. Vemos que el alma no muere ya que es inmortal, por lo tanto no puede resucitar. Se trata del cuerpo muerto ya sin vida, que hemos depositado en la tumba, el que se levantará.

4. La diferencia en la resurrección es muy importante para justos e injustos.

Aunque la resurrección de los salvados y de los perdidos es igual, en el sentido que en ambos casos el cuerpo volverá a unirse con el alma, sin embargo, no son iguales en el tiempo y en el destino de los resucitados.

¿Qué queremos decir con esto? En el tiempo, porque no parece ser en el mismo momento, pues los que han creído serán resucitados y arrebatados por el Señor en el aire, mientras sus cuerpos van siendo glorificados y subiendo al cielo de gloria con el Señor. Esto es en cuanto al rapto de la iglesia que será un evento invisible a los ojos físicos de la humanidad.

Posteriormente, después de una serie de acontecimientos apocalípticos en la tierra, será la resurrección de los incrédulos para presentarse ante el juicio del Gran Trono Blanco. El tenor sencillo de esta obra nos impide profundizar más sobre el tema que es muy apasionante. Concluyendo este apartado, podemos decir que para los salvados por su fe en Cristo Jesús la unión del cuerpo con el alma en la resurrección será para una vida plena y eterna. Para los incrédulos será para sufrir el castigo eterno en todo su rigor y su peso.

Tarea para crecimiento personal:

1- ¿Qué nos enseña Mateo acerca de la resurrección?
2- ¿Dónde están las almas hasta la resurrección?

3- ¿Por qué existe la muerte?
4- ¿Cuál es diferencia entre la resurrección de los
    creyentes y los incrédulos?

XXIV
ACERCA DEL JUICIO FINAL

No podríamos concluir todo este recorrido de temas doctrinales que hemos visto sin detenernos en el juicio final. Hemos hecho una vista panorámica desde la creación del universo hasta la segunda venida de Cristo y la resurrección de los muertos. Por ello debemos terminar con este suceso que cierra el final de la historia humana y del mundo - el juicio final.

Es cierto que la mente humana no puede imaginar toda la magnitud y la importancia de este grandioso momento. Veamos como la Biblia nos proporciona algunos detalles que es importante para nosotros conocer y detenernos en su estudio.

A. El juicio final y su Juez.

Una de las enseñanzas claramente demostradas por la Biblia es que el juez que actuará en este gran juicio final será Cristo, el Hijo de Dios. De manera que no será Dios el Padre, ni Dios el Espíritu Santo. Será el Hijo quien juzgue porque todo depende de lo que los hombres han hecho con Él.

Toda la humanidad - con excepción de la iglesia - será juzgada ese día. Hombres y mujeres de todas las edades. Los vivos y los muertos de todas las naciones, y de todos los colores aparecerán delante del Juez.

Así describe Juan en Apocalipsis este terrible día: *"Y vi un gran trono blanco y al que estaba sentado en él, de delante del cual huyeron la tierra y el cielo, y ningún lugar se encontró para ellos.*

Y vi a los muertos, grandes y pequeños, de pie ante Dios; y los libros fueron abiertos, y otro libro fue abierto, el cual es el libro de la vida; y fueron juzgados los muertos por las cosas que estaban escritas en los libros, según sus obras.

Y el mar entregó los muertos que había en él; y la muerte y el Hades entregaron los muertos que había en ellos; y fueron juzgados cada uno según sus obras. Y la muerte y el Hades fueron lanzados al lago de fuego. Esta es la muerte segunda. Y el que no se halló inscrito en el libro de la vida fue lanzado al lago de fuego" (Apocalipsis20:11-15).

El veredicto de los incrédulos será castigo eterno. Eso quiere decir que por la eternidad, sin fin, deberán sufrir las consecuencias de su horrible incredulidad.

En consecuencia

Mi querido lector, es muy importante que se pregunte ¿estaré yo presente en ese juicio? Eso sería terrible. Por ello el Señor le sigue invitando a creer en Él y Su obra redentora. Ese juicio no es para los que han creído en Jesús. Corra a los pies de Jesús, allí encontrará perdón, aceptación y vida eterna. Si todavía no lo ha hecho, la siguiente oración puede ayudarle, puede repetirla en voz alta con todo su corazón:

"Padre nuestro comprendo que me amas y que has enviado a Jesús a morir por mis pecados en la cruz. Vengo a Ti arrepentido, perdona mis pecados y maldades, mi incredulidad y mi dureza de corazón. Te abro mi corazón, entra en mi vida, yo te acepto como mi Señor y Salvador. Gracias por tu perdón y por darme vida eterna mediante la fe. En el Nombre de Jesús. Amén."

Si ha hecho esta oración ¡le felicito! Es la más importante de su vida porque ha recibido salvación y vida eterna. Si recién comienza el camino con Jesucristo le recomiendo que:

1- Consiga una Biblia y la lea cada día, comenzando en el evangelio de San Marcos.

2- Ore encomendando el día y sus actividades al Señor.

3- Busque una iglesia cristiana donde se predique la enseñanza bíblica, y reúnase para crecer espiritualmente por la enseñanza y la comunión con otros creyentes.

Elevo mi oración para que Dios le ilumine a cada paso y pueda compartir su fe con otros. Repase las enseñanzas aquí expuestas leyendo las citas bíblicas recomendadas -le ayudarán a crecer en su fe y le fortalecerán.

¡Bendiciones en Cristo!

Estimado Lector

Nos interesa mucho sus comentarios y opiniones sobre esta obra. Por favor ayúdenos comentando sobre este libro. Puede hacerlo dejando una reseña en la tienda donde lo ha adquirido.

Puede también escribirnos por correo electrónico a la dirección info@editorialimagen.com

Si desea más libros como éste puedes visitar el sitio de **Editorialimagen.com** para ver los nuevos títulos disponibles y aprovechar los descuentos y precios especiales que publicamos cada semana.

Allí mismo puede contactarnos directamente si tiene dudas, preguntas o cualquier sugerencia. ¡Esperamos saber de usted

Más Libros de Interés

Alabanza y Adoración - Cómo adorar a Dios Según la Biblia

"Mas la hora viene, y ahora es, cuando los verdaderos adoradores adorarán al Padre en espíritu y en verdad; porque también el Padre tales adoradores busca que le adoren. Dios es Espíritu; y los que le adoran, en espíritu y en verdad es necesario que adoren". Juan 4:23-24

¿Podemos confiar en la Biblia? - Respuestas a las más inquietantes preguntas sobre la Biblia

¿Cómo llegamos a tener definitivamente la Biblia tal cual la poseemos hoy? ¿Es posible que tantos autores no se contradigan entre ellos? ¿Cuántas Biblias hay? ¿Es la Biblia inspirada por Dios?, etc.

Cómo hablar con Dios - Aprendiendo a orar paso a paso

A veces complicamos algo que nuestro Señor quiere que sea sencillo, es por esto que en este libro podrás encontrar detalladamente las respuestas a las preguntas: ¿Cómo debo orar? ¿Qué me garantiza que Dios me va a responder?

Liderazgo Cristiano - Herramientas esenciales para el líder de hoy

Esta carta, junto con 2 Timoteo y Tito pertenecen al grupo llamado "Epístolas pastorales", por ser dirigidas no a una Iglesia en primer lugar, sino a Pastores, a quienes se les recuerdan sus deberes y manera de conducirse como siervos de Dios.

Sanidad para el Alma Herida - Cómo sanar las heridas del corazón y confrontar los traumas para obtener verdadera libertad spiritual

Este es un libro teórico y práctico sobre sanidad interior. Nuestra enseñanza motiva la búsqueda de la sanidad para las mentes y espíritus de las almas sufridas y por qué no, atormentadas.

Los Dones Espirituales - Descubre el don que hay en ti para edificación de la Iglesia

El objetivo preciso de los dones, según podemos apreciar en una lectura general del Nuevo testamento, no es otra que el crecimiento de la iglesia "en todo" (Ef. 4:15), como "un cuerpo" que se va edificando con la ayuda mutua de cada miembro, en el ejercicio de su don o dones.

Apocalipsis - Un vistazo al futuro de la humanidad

¿Qué pasará con la humanidad? ¿Será destruido el planeta tierra? No hay dudas que nuestro planeta sufre los peores momentos. Ante una cada vez más intensa ola de desastres naturales y la presente realidad de una sociedad resquebrajada moralmente. Surgen las preguntas: ¿Hacia dónde se encamina la humanidad entera? ¿Tiene su historia un propósito? ¿Dónde encontrar respuestas?

Otros libros de Interés

Ángeles en la Tierra - Historias reales de personas que han tenido experiencias sobrenaturales con un ángel

Este libro no pretende ser un estudio bíblico exhaustivo de los ángeles según la Biblia – hay muchos libros que tratan ese tema. Los ángeles son tan reales y la mayoría de las personas han tenido por lo menos una experiencia sobrenatural o inexplicable. En este libro de ángeles comparto mi experiencia, como así también la de muchas otras personas.

Dios está en Control - Descubre cómo librarte de tus temores y disfrutar la paz de Dios

En este libro, el pastor Jorge Lozano, quien nació en México y vive en Argentina desde hace más de 20 años, nos enseña cómo librarnos de los temores para que podamos experimentar la paz de Dios.

La Ley Dietética - La clave de Dios para la salud y la felicidad

Es hora de que rompamos la miserable barrera nutricional y empecemos a disfrutar de la buena salud y el bienestar que Dios quiere que tengamos. Al leer este libro descubrirás los fundamentos para edificar un cuerpo fuerte y sano que dure mucho tiempo, para que disfrutes la vida y para que sirvas al Señor y a su pueblo por muchos años.

Vida Cristiana Victoriosa - Fortalece tu fe para caminar más cerca de Dios

Descubre cómo vivir la vida victoriosa, Cómo ser amigo de Dios y ganarse Su favor, Lo que hace la diferencia, Cómo te ve Dios, Cómo ser un guerrero de Dios, La grandeza de nuestro Dios, La verdadera adoración, Cómo vencer la tentación y Por qué Dios permite el sufrimiento, entre muchos otros temas.

www.ingramcontent.com/pod-product-compliance
Lightning Source LLC
Chambersburg PA
CBHW071624030726
47598CB00001B/424